大学英语课堂教学与优化策略研究

彭 莉 著

北京工业大学出版社

图书在版编目（CIP）数据

大学英语课堂教学与优化策略研究 / 彭莉著. — 北京：北京工业大学出版社，2022.8
ISBN 978-7-5639-8425-1

Ⅰ．①大… Ⅱ．①彭… Ⅲ．①英语－课堂教学－教学研究－高等学校 Ⅳ．① H319.3

中国版本图书馆 CIP 数据核字（2022）第 179996 号

大学英语课堂教学与优化策略研究
DAXUE YINGYU KETANG JIAOXUE YU YOUHUA CELÜE YANJIU

著　　者：	彭　莉
责任编辑：	李　艳
封面设计：	知更壹点
出版发行：	北京工业大学出版社
	（北京市朝阳区平乐园 100 号　邮编：100124）
	010-67391722（传真）　bgdcbs@sina.com
经销单位：	全国各地新华书店
承印单位：	三河市腾飞印务有限公司
开　　本：	710 毫米 ×1000 毫米　1/16
印　　张：	10.5
字　　数：	210 千字
版　　次：	2023 年 4 月第 1 版
印　　次：	2023 年 4 月第 1 次印刷
标准书号：	ISBN 978-7-5639-8425-1
定　　价：	72.00 元

版权所有　翻印必究

（如发现印装质量问题，请寄本社发行部调换 010-67391106）

作者简介

彭莉，出生于1981年4月，籍贯为山东济南。毕业于山东师范大学，现任职于山东青年政治学院，讲师，主要研究方向为英语教学法、二语习得。发表论文《试论成人英语"过程写作法"中的和谐关系》《公示语翻译教学对于职业化翻译人才培养的影响》等，参与省部级、市厅级科研项目多项，参编教材3部。曾多次荣获山东省教育科学优秀成果奖，指导学生多次在全国大学生英语大赛中获奖。

前　言

现如今，在经济全球化进程不断加快的大背景下，大学英语教学的地位与实践教学的重要性日益凸显。在大学英语教学中，为了能够培养学生的英语驾驭能力，不断塑造学生的英语核心素养，提升学生的英语交际水平，优化大学英语课堂教学策略是非常有必要的。

本书主要介绍了大学英语课堂教学内容、大学英语课堂教学实施、大学英语课堂教学反思、大学英语课堂教学模式、大学英语教师课堂教学和大学英语课堂教学探索与优化几方面内容。本书观点新颖、论述翔实，成书后可适用于各大高校相关专业教学，也可作为相关研究人员的参考用书。

为了确保研究内容的丰富性和多样性，作者在写作过程中参考了大量理论与研究文献，在此向涉及的专家学者们表示衷心的感谢。

最后，限于作者水平，本书难免存在一些不足之处，在此，恳请同行专家和读者朋友批评指正！

目　录

第一章　大学英语课堂教学内容 ... 1
第一节　大学英语听说教学 ... 1
第二节　大学英语阅读教学 ... 11
第三节　大学英语写作教学 ... 15
第四节　大学英语翻译教学 ... 24

第二章　大学英语课堂教学实施 ... 30
第一节　大学英语课堂教学目标 ... 30
第二节　大学英语课堂教学导入设计 ... 33
第三节　大学英语课程设计 ... 35
第四节　大学英语课堂教学评价 ... 39
第五节　大学英语课堂教学实施策略 ... 43

第三章　大学英语课堂教学反思 ... 48
第一节　大学英语课堂教学存在的问题 ... 48
第二节　课堂师生互动 ... 54
第三节　课堂学生参与 ... 63
第四节　课堂合作学习 ... 68

第四章　大学英语课堂教学模式 ... 73
第一节　教学模式改革 ... 73
第二节　混合式教学模式 ... 76
第三节　多元互动教学模式 ... 93
第四节　多模态教学模式 ... 98

第五章 大学英语教师课堂教学 ·· 106
第一节 大学英语教师课堂角色定位 ·· 106
第二节 大学英语教师课堂话语能力 ·· 112
第三节 大学英语教师课堂提问 ·· 119
第四节 大学英语教师教学能力发展 ·· 125

第六章 大学英语课堂教学探索与优化 ·· 129
第一节 大学英语课程思政 ··· 129
第二节 网络技术融入课堂教学 ·· 139
第三节 产出导向法课堂教学 ·· 145
第四节 传统文化融入课堂教学 ·· 151

参考文献 ··· 159

第一章　大学英语课堂教学内容

英语中的听说、阅读、写作和翻译教学是课堂教学的主要内容，也是大学生进行英语学习的主要内容。本章分为大学英语听说教学、大学英语阅读教学、大学英语写作教学、大学英语翻译教学四个部分。

第一节　大学英语听说教学

一、听说教学的内容

（一）听力教学的内容

1. 听力知识的教学

听力知识包括语音知识、语用知识、文化知识、策略知识等内容。听力理解的首要任务就是进行语音解码，因而语音知识不仅是语音教学的内容，而且也应该当作听力课堂教学的内容。

2. 听力技能的教学

听力技能教学主要包括基本听力技能教学（辨音、猜词、选择注意、理解细节、理解大意、推理判断、预测下文、交际信息辨别、评价能力和记笔记能力等）和听力技巧教学两个方面。

3. 听力理解过程的教学

听力理解包括对字面意思的理解和对隐含意思的理解。理解过程主要由五个环节构成，即辨认、转化、重组、评价和应用。

（二）口语教学的内容

语音是口语教学的重要内容之一，包括音节、重读、连读、意群、停顿、语

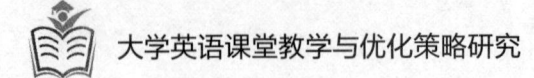

调等；掌握词汇是交际活动得以实现的核心，同时需要训练学生听懂特定的口语句型，熟练地使用句型表达自己的思想。

二、听说教学的模式

（一）听力教学的模式

1. 文本驱动听力教学模式

文本驱动听力教学模式强调语言知识在整个听力理解过程中发挥的作用。该模式认为，学生理解口头语言的过程是一个从部分到整体对语言进行线性加工的过程，也就是对构成单词的语音信号、构成短语或句子的单词、构成连贯语篇的短语或句子进行切分和理解的过程。因此，在进行真正的听力理解训练之前，教师要安排相当程度的微技能训练以及词汇、语法知识的教学，帮助学生扫除听力理解过程中的语言知识障碍。

2. 图式驱动听力教学模式

图式驱动听力教学模式是针对文本驱动教学模式的弱点提出的，它侧重于激活学生已存的关于听力材料的图式知识，强调有关听力话题的背景信息及有关说话者的意图、态度等信息。图式驱动听力教学模式是基于图式理论提出的。

（1）图式理论与听力理解

德国著名的心理学家康德在1751年最先提出了"图式"的定义。他认为，图式是连接人们大脑中的概念和外界知识对象的纽带。他提出人脑中第三附加植入载体，这个载体将人的回忆技能与记忆学习本质结合，所谓"载体"是指先验图式。

库克提出，图式是大脑记忆储存的反映机制，这种机制可以帮助学习者在客观世界中对各种不同形式进行符号化理解和记忆，能够指导学习者通过已经建立的符号信息来认知新信息。

鲁姆尔哈特在前人研究的基础上又进一步补充完善了图式内容，他认为图式理论是以不同的等级形式长期储存在人们头脑中的一组"相互影响的知识结构"或"构成认识能力的建筑砌块"。

在日常交际中，如果想要理解丰富的新知识，而这些新知识是有一定规律可循的、等级层次分明的，是围绕某一主题而互相连接的，就可以形成一个知识结构系统，这种系统在心理学上被称为"图式"。

例如，当我们在某个情境中看到了恐龙模型或者图片，人脑中的反应机制就可以帮助我们解码输出，知识记忆系统则将恐龙生活的年代、恐龙的体型、习性、食物偏好、种类等信息联系起来，同时我们进行梳理的记忆系统和因情境而产生的新信息又重新以体系的形式储存在记忆系统中，这就是基于图式模型而构成的认知模式。

国内图式理论最早被应用于第二语言教学，尤其是英语教学中，王英霏提出图式理论的三大主要特征——层次性、抽象性、灵活性。陈晓姿探讨了基于图式理论指导下的听力教学发挥的作用分类，将图式理论的重要特征作为指导方针，按照听力理解的三个阶段分别对应不同形式的教学方式和学习技能，有效地提升了学习者边听边写的学习能力。张晓杰分别从听前、听中、听后三个阶段对听力教学进行分析，并从这三个方面对听力教学提出建议。杨晓彤通过对教师、教材、学生三个方面进行分析，认为教师不应过多地进行听力课前的准备活动和背景知识介绍，而是应关注选材，引导学生根据自身的语言知识和经验进行预测。

图式听力理解模式是在"信息处理"模式的基础上得到进一步发展的。当人们接触到新信息时，我们的大脑会对其采取不同的处理方式，也就是不同的信息处理模式。信息处理的三种基本模式是"自上而下"的模式、"自下而上"的模式、两者同时运作的平行互动模式。这三种模式不仅适用于阅读理解，也适用于听力理解中对外界信息的接收与处理。

自下而上的信息处理模式主要是指大脑在接收信息后按照从低级单位到高级单位，从小到大的"微观信息处理过程"，或者称为"材料驱动方式"。在听力过程中表现为大脑先提取、处理字词等小单位，再逐渐过渡到短语、句子、段落等较大单位，最后是对整个篇章的理解。刘绍龙等人的实验表明，在听力初期受试者会较多地采取这种信息处理模式，这也符合图式理论由低级图式向高级图式组合的层次性过渡。

自上而下的信息处理模式与自下而上的模式相对，它是从整体到局部的模式，又叫"宏观处理模式"或者"概念驱动方式"。在这一模式中，高层次图式起到了积极且不可替代的作用。人们根据以往的知识经验来理解接收到的信息，先对接收到的信息推测、判断、猜想，再考虑语法、词汇等低一级的语言点，最后验证、调整自己的预测，理解信息。例如，当学生看到教师抱着一摞试卷进教室，会问"老师，我们今天有考试吗？"，再根据教师的回答验证猜测。在播放录音时，学习者会更关注相关信息来验证自己的猜想，根据听到的内容不断修正直到理解材料。

一般来说，学生积累的相关背景知识越多，对内容主题越熟悉，就越容易排除与主题无关的内容,防止错误选项的干扰,提高预判、分析能力,从而提高听力理解的准确度。但是,教师也不能完全依赖自上而下的信息处理模式,尤其当两种语系、文化差别较大且学生又缺少相关心理图式时,反而会降低学习兴趣,不利于的听力水平提高。

由心理图式的层次性可以得知,某一级图式被激活后,它的上级图式和下级图式也会被激活。例如,可由"熊猫"得知其具有"身材圆胖、黑白毛发"等低级图式,也可以得出它属于"熊科动物"这一上级图式。采取自上而下和自下而上相结合的平行互动模式可以使理解变得更快、更全面。听话者既能抓住细节和关键词,及时肯定和修正心理图式;又能不去纠结听不懂的字词,提高理解速度,注意到材料的整体性,体会文章的中心思想、人物情感等更深层次的内容。平行互动模式同时注重高层次的背景知识和低层次的快速解码能力,双方相辅相成,当一方能力欠缺时可以依靠另一方进行弥补,比如听话者对词语理解困难时,可以通过整体文章了解大概词义,反之亦可通过理解词句得知文章主旨。

在听力理解中,心理图式扮演着积极且重要的角色。教学时,教师不仅要讲解语言图式,而且还要帮助学生补充相应的背景图式,培养学习者的听力技巧。

(2)图式理论在听力教学中的运用

安德伍德认为听力教学的过程一般分为三个阶段,即听前热身阶段、听力理解阶段和听后巩固阶段。

第一,听前热身阶段。

①语言图式的激活。语言图式是指听力接受者的语言基础知识,包括语音、词汇及语法等方面的内容。学习者必须要具备关于本课程、本章节的相关基础,即与听力主题相关的语音、词汇、语法等知识。通过学习来激活其已然具备的图式系统,再建立和完善新图式,进而才能在听力学习中提高自身的听力水平。如果学习者发现自主激活语言图式时,碎片化信息无法有效匹配,头脑中储存的语言图式与需要完成的听力学习内容不一致,就会形成较大的阻碍,听力学习则难以突破。

②内容图式的激活。内容图式是指人对于事物的认知,内容图式越完整,则学习者对于听力材料相关知识的掌握程度就越高。卡尔和爱思特后德提出"内容图式是与话题相关的背景知识和社会文化知识"。由于听力材料多来源于生活实际,所以绝大部分的听力材料都有相应的主题。学习者根据听力材料的内容来归纳主题,然后在接下来的听力测试中,学习根据已有的内容图式就更容易理解听力材料的内容和考察方向。由于听力材料的主题与生活息息相关,学习者可以

非常容易地概括和归纳，内容图式与学习者的经历和学习的程度有很大关系。例如，听力材料的主题是"交通工具"，教师则需要在授课之前准备相关的背景知识和社会文化知识。又如，人们的日常生活中，最常用的交通工具有哪些？交通工具的使用和地域或者当地的经济有什么关系？在已经具备了主题的情况下，学习者头脑中会形成相应的内容图式，在听力学习或者日常生活中能够较为容易地理解接收到的信息。

③形式图式的激活。形式图式是指学习者关于听力材料的组织、篇章、修辞和结构等方面的背景知识。在图式的分类中，形式图式是最高级的形式。文章的结构指的是听力材料的体裁分类，如记叙文、议论文、说明文等。在初级阶段的听力理解学习中，虽然对此涉及不多，但是初级听力教学中会有其他的分类，如对话和短文等，学习者在进行理解的时候还是要运用不同的图式模式来解决。学习者需要在具备了较好的知识基础之上，通过对不同类型的听力材料的理解，准确有效地对听力材料进行预测，以此提升听力学习的效率。

以上三种图式类型能够对听力教学发挥出不一样的作用。初级学习者头脑中的图式还不够完整，以语言图式和内容图式的使用为主；中级或者高级学习者以形式图式为主。将图式理论作为听力教学的指导思想，能够激发出初学者头脑中潜在的图式，不断建立新图式，从而增强听力学习的趣味性，降低听力课的难度，引导学习者学习听力课的兴趣。

第二，听中理解阶段。

①自下而上的模式。自下而上的信息处理模式是从部分到整体、从基础到高级的逐步过渡模式。传统的听力教学模式正是在这种由小到大的模型基础上建立的，包括目前的听力教材也是按照"字—词—句子—语段—篇章"的顺序编写的。这种模式能够培养学习者的交际能力，帮助学习者夯实基础知识，从而达到更高的听力水平，因此适用于初级水平学习者。当学习者听到一句时，首先应抓住关键信息，然后对这种信息进行分析和组合，形成互相匹配的语段。但是这种方式过于依赖碎片化的信息处理，突出强调了字词的作用，从而导致学习者忽略了对整个语篇的理解，语篇信息的处理技巧被弱化，降低了学习者的听力理解能力。

②自上而下的模式。当学习者从初级水平过渡到中级或者高级水平时，自下而上的信息处理模式无法满足其学习听力的要求，自上而下的信息处理模式则能够帮助学习者更好地处理听力信息材料。与自下而上的模式不同，自上而下的模式指学习者利用已有的背景知识和社会文化知识，从整体到细节去判断听力语篇。在听力学习中，学习者并不能一点不落地将听力材料进行消化，也没有必要

弄明白每一个细节，所以学习者可以利用这个模式先确定主题或者大致的范畴，然后在这个范畴内进行预测，推断出相关内容。这种从整体到细节、从大到小的信息处理模式，更多地运用于多元信息处理中，涉及第二语言学习的中高阶信息处理方式。自上而下的信息处理模式能够提升学习者听力学习的速度，帮助学习者在众多繁杂的听力语料中排除干扰信息，做出更加合理的选择。

③平行相互的模式。我们在实际的课堂教学中发现，单一的"自下而上"和"自上而下"的模式进行教学是无法有效提高准确度和效度的，这也违背了图式的灵活性原则。所以，最有效的方法就是将两种模式按照平行相互的方式进行使用。平行相互的模式既关注到了利用语音、词汇、语法等基本信息获取听力语料的碎片化内容，也可以利用已经获得并存储在头脑中的文化背景知识获取概括性内容。两种模式互相影响，不断巩固和加深学习者对听力语料内容的理解。

学习者在听前已经建立并激活了相关的图式，听中采用平行相互的模式是对听力语料进行接收和解码的过程。学习者要将激活的图式与所听到的信息内容进行匹配主要有两种方式：根据主题预测内容和根据关键词预测内容。这两种方法均需要教师的正确引导。

第三，听后回顾阶段。

图式理论在听后回顾阶段同样重要，学习者经过听中阶段的接收和解码之后，对听力语料的内容已经比较熟悉了，教师就需要帮助学习者对相关的内容做回顾和整合。作为听前和听中的延续，根据图式理论模型，听后回顾阶段可以把听中阶段的短时记忆进行重建、编码、加工，从而转化为长时记忆。学习者在对听力理解的过程中不断积累，头脑中存储的新图式种类越来越多，如此循环下去，学习者掌握的大量基础知识和文化背景知识就能有效降低听力理解的难度。

听中理解的结束并不意味着整个听力训练的结束，教师应及时引导学生对听力语料进行回顾，强化记忆。听后回顾阶段实际上就是通过对知识的编码来延长有效记忆时间，将短时记忆转化为长时记忆，巩固在每次听力课堂上形成的新图式。教师应该合理安排听后回顾时间，帮助学生反复记忆生词和语言点。

列提纲—进行复述—布置作业是听后回顾阶段必不可少的三个关键步骤。列提纲一方面可以训练学习者的语言逻辑思维能力，还能够判断听者是否听懂并掌握了听力语料。听写结合的方式不仅能够巩固学习者的基础知识，而且能够训练学习者的书写能力。教师根据关键词帮助学习者对听力内容进行简单复述，同样能够激活学习者头脑中的图式。在复述阶段，学习者不断回忆起有关事件的起因、经过和结果，转而又能够形成新的图式。布置作业的环节具有很大的灵活性，一方面体现在作业的难度上，教师可以根据课堂的反馈进行作业难易程度的调节；另一方面作业完成的形式多种多样，可以是重复听力材料，进行语言交际、情境交际等。

3. 任务型听力教学模式

1989年，纽曼提出具有结构性的任务的五部分：①任务目标；②构成任务的输入材料；③基于输入材料的各项活动；④任务中隐含的师生角色；⑤任务的环境。

任务目标指教学任务应该具有明确的目标指向，首先要确定利用任务所要达到的预期教学目的。构成任务的输入材料指任务进行过程中所使用或依据的辅助资料，可以是文字材料、非文字材料或与任务输入相关的材料。用得最多的文字材料是课文，非文字材料常常是图画和表格。基于输入材料的各项活动是任务的参与者对输入材料进行的相关行为，可简单表达为"做什么"，在课堂上表现为需要"做什么"的具体行为。任务中隐含的师生角色指教师既可作为任务的参与者成为交际一方，也可作为任务的监控者和指导者。学生作为交际者，主要任务是沟通（传送与接收）信息，常通过两人或小组活动，借助知识、技能与策略来完成任务，体现学习的自主性。教师的作用是帮助学生成为交际者，除扮演助学者、组织者、监督者等角色，有时还须在活动中担当学生的伙伴。任务环境指产生并执行任务的环境或背景条件，包括语言交际的语境、课堂任务的组织形式。在任务设计中，应尽量提供真实情境，由此增强学生在语境中运用语言的意识。纽曼将任务分为真实任务和学习型任务。接近或类似于现实生活中所做的各种事情的任务被视为真实任务，如写信、查找电话号码等。1999年，他提出了采用真实任务的理由：语言学习的最终目的是使学生能够用所学语言完成现实生活中的各种事情，所以课堂语言学习活动应是做这些事情的演练过程。学习型任务是为了实现某种学习目的而专门设计的任务，是指课堂以外一般不会发生的一些事情。例如，根据教师指令画几何图形、为一个假想问题提出解决方案等。学习者在完成学习型任务的过程中，要接收、处理和传递信息，也要表达意见和观点；真实任务与学习型任务并无绝对界限。大多数学习活动介于真实与不真实之间。学习型任务相对简短和单纯，可以是一个大任务中的某些环节。在实际教学中，各种任务往往都兼具以上两种任务的特征，大多数任务都属于从学习型任务到真实任务的连续体。纽曼在1989年提出，任务是提前制订的一系列工作计划，目的就是推动、促进语言学习，包括各种形式的课堂练习和各种复杂性的教学活动。任务在设计时首先要具备明确的目标，还要结合恰当的教学内容及教学活动，还包括由此产生的一系列结果。纽曼在教育学领域对任务的定义具有里程碑意义。

学者钟启泉认为，任务型教学法是由交际法发展而来的一种新型教学形态，是以完成具体的任务为学习动力和动机，以完成任务的过程为学习过程，以展示任务成果的方式来体现成就的语言教学模式，其核心是用语言做事情。

1979年，珀拉胡在印度南部的班加罗尔做的实验任务型教学法应用实验中，首次将任务型教学法的理论假设付诸教学实践。他把任务活动分成四类：规则中心的活动、形式中心的活动、目标中心的活动、意义中心的活动。教师不需要提前列出语法规则，活动时也无须过多纠正学生的语法错误，从而使学生在活动过程中关注语言意义，对语法系统进行内化。

1987年，珀拉胡通过教学实践指出了小组活动的一些弊端。例如，在一个小组中，基础较弱的学生会完全把任务交给学习好的同学完成，参与性较差；有些学生在汇报活动结果时采取沉默的态度；有些学生要教师监督才选用目标语言。

1998年，斯基汉的研究让任务型教学法有了新发展。他指出设计任务时要做到目标明确、具有较强的可实践性，要选择不同的任务促进学生语言学习的平衡发展。同时，他认为要在交际环境中合理设计任务。

1999年，威尔斯提出的"输入与互动假设"可视为任务型教学的理论基础。她认为相比简单的语言形式，学生更需要可理解的输入及合适的输出机会。她在2003年进一步提出，小组活动时，若缺乏合理的任务分配、责任划分不清晰，会使得有些学生不知道在活动中该做什么，怎么做才有助于任务的完成，所以，她认为一定要向学生明确任务分配和要求。

2004年，李希雅从学习者话语的角度探讨了二语习得和任务学习的关系，主要探讨了中国学生的语言产出、交际策略和交际任务间的关系。

总之，任务型教学法是指让学习者在教师的指导下，通过感知、体验、实践、参与和合作等方式实现任务的目标，感受成功。换言之，这是一种基于任务或以任务为基础的语言教学途径。

任务型教学模式强调听力学习任务的真实性，通过完成真实的听力任务来提高学生的听力理解能力。任务型听力教学模式能够有效培养学生的合作意识和探究精神，并且不断提高学生对听力学习策略的应用能力。任务型听力教学程序包括听力前任务、听力中任务和听力后任务三个阶段。

（1）听力前任务阶段

根据听力材料布置听力任务，帮助学生积累足够的语境知识，激发学生的学习动机。教师要设计各种听力任务，由浅入深地逐步引入主要信息，激活学生的已有知识图式、建构新图式，这样将有利于学生在活跃的气氛和放松身心的环境中充实背景知识，更好地掌握与主题相关的知识图式。

（2）听力中任务阶段

听力中任务阶段由学生集体和个体准备听力任务，并展示成品。这一阶段注重语言的输入与输出相结合。二语习得理论同样为任务教学法奠定了基础。1981年，克拉申提出学习者分别有语言习得和语言学得两种获取语言的能力。语言习得是学习者在用目标语交流过程中无意识获得语言的过程，语言学得是学习者通过有意识记忆语言规则学习语言的过程。二语或外语的交际能力只能靠无意识习得，语言学得无法自动转化为语言习得。他依据这一理论进一步提出输入假说，他认为习得通过大量的可理解性输入产生。当学习者了解的目标语所提供的信息稍高于学习者已有水平时，学习者就能借此习得语言。任务教学法产生于二语习得研究的基础上，主张在自然语言环境下，将任务引入教学，通过给学生提供自然、真实的目的语环境引导学生在环境中习得语言。

听力教学的意义在于将听说活动有机地融入一个教学框架，帮助学生在真实、完整的交际过程中掌握用英语进行交际的技能。教师在设计听力任务时，除了要关注教材上有关听力理解的练习之外，也要尽量设计一些问题，引导学生开口说英语。

（3）听力后任务阶段

在这一阶段，应结合学生听力任务展示所反映的问题进行词汇、语法以及听力策略的专项训练。听后活动的主要任务是查找学生存在的问题，并且针对问题进行相关指导。此外，由于听力材料一般都会包含一些运用语言的良好例证，在听力实践后，教师可以让学生回忆这些表达方法，学习如何使用它们。

（二）口语教学的模式

1. 一般模式

一般模式通常包括四个阶段，即背景铺垫（学生听）、布置任务（教师说）、执行任务（学生说）、检查结果（教师说）。

①在背景铺垫阶段，教师可以采取不同的形式，为学生将要执行的任务创造情境、提供背景信息。

②教师在布置任务阶段，要为学生的"说"确立目标、制订方案、组织活动。

③执行任务阶段，教师要尽可能地保持沉默，让学生进行口语练习，重要的是让学生开口说话，教师也要合理控制好此阶段的活动时间。

④教师检查任务的完成情况，其主要目的是对学生的口语活动进行及时的总结，指出活动的不足、提出必要的建议等。

2. Let's 教学模式

① Leading——激活旧知，有效导入。新课导入是为了将学生的心理活动引入一个新情境之中，让他们对所要学习的知识产生认识上的需要。在课堂教学中，运用科学的导入方法可以迅速吸引学生的注意力、激发学生的学习兴趣、调动起学生的求知欲望，使他们积极主动地去探索、精神振奋地去获取知识，从而提高英语课堂教学的效果。

② Exploring——创设情境，探索新知。这是教师与学生一起探索和发现新知的过程。教师主要运用文本材料把两大块教学内容整合在一起，用一条线把它串起来，最重要的是设计形式多样的活动，让学生真正动起来。

③ Trumpeting——聚焦难点，处理加工。这一步骤是指抓住本课的重难点内容，把输入的有效信息进行个性化处理和加工，必须把握主次、轻重、详略、缓急。教师组织课堂教学一定要注重方法的实用性、巧妙性。

④ Sharing——深入探究，交流发现。教师在英语课堂教学中设计相应的拓展和延伸活动时，要以学生的生活经验和兴趣为出发点、以本课所学知识为立足点，提高学生的实际语言运用能力。

3. 3P 教学模式

除了一般模式和 Let's 模式，有学者还提出了 3P 模式，即 presentation——practice——production，该模式就是将一般模式的第一步省略了。

①展示阶段。教师通过解释、示范举例、角色扮演等向学生介绍新的语言项目，包括语法、句法、会话技巧、功能等，确定课堂的教学目标和教学内容。

②练习阶段。教师为学生提供各种机会，使学生运用所展示的内容。练习的程度也是由易到难逐步加深。教师对活动的引导也是由控制到半控制，逐步增加学生的自主性。在这一阶段，学生才是整个活动的中心。

③产出阶段。教师给学生提供机会将其新学到的语言和交际技能融入已有的知识之中，以达到能自由地运用语言进行交际的目的。这一阶段可以增强学生的成就感，使其对口语学习产生浓厚的兴趣。

第二节　大学英语阅读教学

一、阅读教学的内容

阅读是一个积极主动地思考、理解和接收信息的过程，是一种复杂的智力活动。它包含两个不同的发展阶段，即辨认文字符号的感性认识阶段和理解内容、吸收信息、创造性思维译码的理性认识阶段。英语阅读教学的目的主要是培养交际性阅读能力，有效地获取书面信息，并对此信息进行分析、推理和评价，以实现交际的目的。

阅读教学的内容大致包括以下方面：①辨认单词；②猜测陌生词语；③理解句子之间的关系；④理解句子言语的交际意义；⑤辨认语篇指示词语；⑥通过衔接词理解文章各部分之间的意义关系；⑦从支撑细节中理解主题；⑧将信息图表化；⑨确定文章语篇的主要观点或主要信息；⑩总结文章的主要信息；⑪培养基本的推理技巧；⑫培养阅读技巧。

二、大学英语阅读教学模式

（一）微视频教学模式

大学英语阅读教学微视频设计模型是基于大量的文献阅读以及在具体的教学微视频实际开发中的经验总结构建起来。总的来说，根据教学微视频的制作环节分为三大部分，即资源设计、教学设计和媒体设计。

1. 资源设计

资源设计指的是教学资源的设计。关于教学资源，不同学者给出的定义各不相同。何克抗、李文光在《教育技术学》一书中对教学资源的定义为：教学资源是指支持教学活动的各种资源，包括人、财、物、信息等。他们将教学资源根据不同的划分依据分为了不同类型。按不同的来源，教学资源可分为设计的资源和利用的资源。设计的资源指的是专门为教学而设计的资源，如教科书和教室等资源。而可利用的资源则是指其本身并不是为教学而设计，但是可以用来供教学使用的资源，如软件以及网络上各种信息资源等。按不同的表现形态，教学资源可分为硬件和软件资源。硬件资源有教室、教学仪器和设备等，软件资源有 PPT

等。按所涉及的人与物的关系，教学资源可分为人类资源和非人类资源。人类资源有教师、学生和家长等，非人类资源有各种媒体和教学辅助设施等。

郑佳琪则认为教学资源是指在社会、学校、家庭范围内，具有一定教育价值的，并且能转化为教学内容的各种资源的总称。他将教学资源按照不同的来源分为校内资源和校外资源。除此之外，根据不同的呈现方式，教学资源还可分为文字资源、图片资源、实物资源和活动资源等。

教学微视频的教学资源只包含教学微视频视域中的教学资源。因此，教学微视频中的教学资源可以理解为：为了教学的有效开展，所有可以被教学者利用的素材资源。根据其呈现形式，教学资源可以被分为图、文、声、像四大类。"图"指的是图形、图片等在内的静止画面资源；"文"指的是文本资源，如标题文本、说明文本、字幕等；"声"指的是解说、背景音乐等在内的所有声音资源；"像"指的是视频和动画在内的所有运动画面资源。

在大学英语阅读教学微视频教学资源设计的过程中，无论是静止画面资源、文本资源、声音资源，还是运动画面资源，都要遵循输入理论的指导。输入理论指导下的大学英语阅读教学微视频的资源设计具有以下几个特点。

①可理解性。教学资源的选择要基于学习者目前的水平，呈现的教学内容要能够被学习者理解，所涉及的知识点难度既不能太高，也不能太低，而应该稍高于学习者目前的语言水平。如果选择的教学资源远远超出学习者的理解水平，那么该教学资源对学习者来说，毫无意义。除了教学资源中关于语言知识呈现的部分需要具备可理解性，其他部分如课堂话题导入或教学中列举的案例等，都需要基于学生者的认知特点，有选择性地筛选需要的教学资源。例如，在教学微视频中选择小众的电影素材或不是学习者该年龄段大部分人喜欢看的影片进行课堂导入，由于多数学习者没有看过或不喜欢这部影片，学习者就无法代入情境，从而产生共情的能力，该资源同时也就无法起到先行组织者的作用，无法被学习者理解。

②有趣性。有趣性是指教师要选择有趣的教学资源，从而更好地呈现教学内容，吸引学习者的注意。在信息化时代，海量的信息不断地充斥着人们的大脑，慢慢地人们的注意力被逐渐削弱，需要不断地在信息的海洋中寻求及时反馈，最终导致很多人难以长时间地聚焦于某一件事情。而最能够吸引大家注意的往往是一些有趣且耗费时间短的事情，如短视频APP的火爆，这既是这个时代的特点，也是时代发展的必然趋势。此外，微课、教学微视频等也是在该时代背景下应运而生的，它们符合新时代学习者的学习特点。教学微视频由于其自身"短"的特点，不需要耗费学习者太长的时间观看学习，从而受到很多学习者的青睐。大学

英语阅读教学微视频同样也具备"短"的特点，但是在教学资源的设计中需要做到"有趣"。此外，输入假说还强调理想的语言输入需要有趣的语言素材，这样学习者会更容易理解输入的内容。基于此，在设计教学微视频时就需要创设一个轻松愉悦的语言学习环境，选择有趣的教学资源来呈现教学内容，激发学习者的学习兴趣，吸引学习者的注意力，从而让学习者在不知不觉中接受语言输入，减少情感过滤强度。

③相关性。相关性是指选择的教学资源一定要与教学内容紧密相关，不能为了符合学习者的特点就一味地追求"有趣"，从而忽视了"教学"。要将"有趣性"与"相关性"紧密结合，寓教于乐，而不能本末倒置。

④科学性。科学性是指教学资源的选择和设计需要保证其科学性和准确性。它可以体现在三个方面：第一，在教学资源的各种类型中，无论是从网络上筛选的图片资源、视频资源，还是自己加工的文字资源和声音资源，都需要保证其内容的科学性和准确性，不能使用存在错误的教学资源和信息（教学微视频中为了教学需要举反例而使用错误的教学资源的情况除外）；第二，根据输入理论，理想的输入是非语法程序安排的，当学习的目的是"习得"而非"学得"时，输入的教学资源就没有必要按照语法程序进行安排，这样只会降低学习的效率；第三，输入理论还强调理想的输入要有足够的输入量，而教学资源在教学微视频中是所有语言输入的载体，因此，为了保证其科学性，教学资源同样需要足够的输入量。

2. 教学设计

具体来说，教学微视频中的教学设计指教师依据现代学习和教学理论，根据其自身的教学理念和个性风格以及在分析学生特点的基础上，确定教学目标，设计相应的教学策略并组织教学资源，以达到预期的教学效果的过程。

基于不同理论的教学设计在本质上会存在明显差异，采用的教学策略和方法也会不同。大学英语阅读微视频的教学设计需要遵循以下原则。

第一，以学生为中心。大学英语阅读教学微视频不应该是对传统课堂的照搬，这种以教师为中心的灌输式教学只会使微视频的教学效果大打折扣，不利于发挥微视频的优势。此外，与传统课堂不同，教学微视频多是供学生课后自学时使用，没有了教师课上的实时监督和指导，再加上传统教学模式的枯燥乏味，学生在独自观看教学微视频时会产生厌倦的情绪，容易放弃。因此，在设计教学微视频时要注重以学生为中心，从学生已有的知识经验出发，设计出能够调动学生主动性的教学微视频，帮助学生真正地理解知识，完成意义的主动建构。

第二，重视情境的创设，通过情境和问题帮助学生完成意义的建构。传统的教学模式往往是脱离情境的，知识抽象、不易理解，且难以迁移到其他情境中。与传统教学模式不同，建构主义强调情境的创设，通过具体的情境帮助学生理解抽象的知识。

第三，重视各种信息资源的应用，通过利用各种信息资源帮助学生更好地"学"，而不是"教"。为了帮助学生更好地进行知识的意义建构，在教学设计时应重视使用各种信息资源，充分发挥媒体的优势。

3. 媒体设计

媒体是信息的载体，信息只有通过媒体形式才能传达，如书本上的知识信息是通过文字、图片等形式传达的。这些文字和图片便是传达知识内容的载体，即媒体。在教学微视频中，媒体包括图片、文字、视频、音频等形式。媒体设计是关于媒体的选择、呈现和编排设计，目的是更好地呈现教学内容，实现教学目的。

（二）游戏化阅读教学模式

与传统的讲授式教学相比，游戏化教学的过程更侧重于对各种阅读技巧和理解经验的比较，通过游戏化设计让大学生更加深入地投入英语的学习过程，更好地形成记忆痕迹和思维经历，从而激发大学生的学习兴趣、提升学习效果。尤其是围绕着大学生阅读速度、阅读量和阅读技巧等方面的游戏竞赛，不仅能够激发出大学生的内部学习动机，还能够增加学生们相互交流的机会，完成各种经验成果的沟通交流，形成思维共鸣和持续提升。

随着大学英语课程的不断改革和不断深入发展，英语阅读教学在大学英语教学中扮演着越来越重要的角色。实际上，阅读过程是一个极其复杂的学习活动，有着各种各样复杂的心理活动参与。因此，大学生往往就会在英语阅读过程中产生各种困惑，遇到各种各样的障碍。只有熟悉英语阅读的过程机制，了解和掌握各种破解问题的方法，才能够有效地提升自身的阅读能力。英语阅读理解的基本过程包括两个参与主体和一个中介，即作者、阅读材料、读者。整体上，英语阅读理解过程是主体通过中介双向互动交流的过程，即作者通过阅读材料告知读者他想要告知的信息，读者则通过材料获知作者传输的信息。

在阅读的过程中，信息有效交流沟通的关键是要准确了解和破解交往双方的信息编码。阅读理解绝不是一种被动的过程，更不是一种死记硬背与机械理解的行为，而是一个由一系列心理活动（如感知、思考、推理、评判、判断、想象和解决问题等）构成的主动认知过程。但是，目前大学生的英语阅读理解质量并不令人十分满意，还存在着较为明显的效率低下等现象，究其产生的原因主要是大学生疏于方法训练，不能够调动自己各方面的才智灵活地将所学知识、技能和经验与现有情境进行快速准确的衔接，从而也就不能快速准确地掌握文章作者所要表达的信息。为此，在英语阅读学习中，首先需要解决的问题就是调动学生们的各种英语学习才智，丰富他们的阅读体验或经历。很多一线的大学英语教师尝试用各种教学方法来达成此目的，尤其是游戏化教学的方法被使用的最多。

第三节 大学英语写作教学

一、大学英语写作教学的要求

英语写作能力是一种重要的语言生产能力。大学生应该有独立完成一般写作和了解不同写作文体的能力。英语写作的最终目的是培养学生的交流能力和沟通技巧并形成良好的写作素养。写作教学是英语教学的重要组成部分，积极有效的写作教学方法对学生写作水平的提高起着至关重要的作用。而且，提高写作能力也可以促进学生其他语言方面的技能，如读、听、说。

大学生应该具备良好的综合素质、扎实的英语语言基础、丰厚的英语语言文学知识以及相关的专业知识。而英语写作作为大学生必备的专业核心课程之一，其作用在于训练学生的英语语言基本功，提升学生的英语专业能力，促进学生英语素养的形成与发展。

教学目标的达成是基于教育者对教学过程的合理把控以及对教学质量的科学监测。英语写作教学应该优化调控写作教学的过程，并且重视对写作教学质量的评价。一直以来，写作教学在学生英语素养的发展过程中都扮演着十分重要的角色，它作为能够体现学生英语语言综合能力发展的活动之一，其质量的优劣不仅会影响学生语言综合素质的发展，而且也会影响教师对于学生英语语言水平的评判。因此，教师应该重视英语写作所具备的促学作用，从过程和方法上将对英语专业的教学质量诉求具体化、操作化和实践化。

二、大学英语写作教学现状

目前，大学生写作水平还存在很大的问题。具体来说，主要体现在学习者和教师两方面，具体表现在以下几个方面。

(一) 学习者基础知识薄弱

首先，在本土文化氛围下，中国大学生倾向于用母语来弥补目的语的不足，母语负迁移主要体现在学生写英语作文时使用的英语词汇和句法上。王文宇、文秋芳根据母语对英语写作的影响提出：母语思维参与英语写作过程，并在写作过程中起着多重作用。笔者在大学英语写作教学实践中发现，学生在构思英语文章的过程中受母语影响写出的英语作文会出现大量的中文式表达句式，让人难以理解。有同学写出的句子并没有根据文章的主题来组织语言，而是想到一句写一句，思路不清晰，没有主题句，常常写一些与文章的主题无关的句子。

其次，目前中国大学生对生产性词汇的运用不到位，无法准确地表达自己的观点和想法。还有许多学生在掌握新词汇时，往往只记住单词中最明显的中文意思，忽略了单词的真正含义，更谈不上联系上下文。

最后，学生英语语法使用不正确，通常集中在名词单复数形式的误用、主语和谓语的不一致、时态的误用和滥用等方面。

在大学英语写作教学实践中，学生在英语写作的过程中常常出现词汇量不足和同义替换不够、语法概念混乱、语法知识薄弱、句型变化不够等问题。词汇量不足使得学生在写作过程中经常反复使用某些简单的初高中词汇，偶尔使用一些大学学习的新词汇时还会出现单词拼写错误、词性运用混乱、搭配不当等问题。这不仅导致学生写出的作文质量不高，整体得分不理想，而且容易让学生出现畏难情绪，对英语写作失去信心。

(二) 学习者的态度不积极

首先，写作是一种需要长时间练习，通过学习者的笔尖来表达思想的创造性技能。长时间以来，为应付英语考试而进行的临时性、突击性的写作学习已成为一种普遍的英语写作学习方式。大部分学生平时英语学习中大多数时间都花在了英语单词和阅读的学习中，很少进行英语写作练习，通常是在英语考试之前的一周才进行英语作文的背诵。大部分学生往往只是为了应对考试而死记硬背，并没有把文章的高级词汇和句式进行自我内化和吸收。这导致大部分学生虽然经过了多年的英语写作学习，但是英语写作能力依然较低，面对新颖的作文题目时，不能独立写出一篇像样的作文。

其次，大学英语写作过程相对完整，需要经过学习者审题、立意、规划和最后的润色等。然而在实际的写作过程中，大多数学生还在沿用初高中的英语写作方法，根据教师提出的几个相关句子加以扩展就草草了事，没有自己的核心思想也没有养成对文章认真布局的习惯。

最后，文章有不同的体裁，相应体裁的文章需要对应不同的写作策略、方法。大多数学习者往往忽视这个问题，经常提笔就写，从而造成学习者时间投入多、成效慢，最终导致成就动机逐渐降低，对英语写作产生反感、厌倦的情绪。

（三）传统写作课的束缚

大学英语写作课上，教师仍然以传统的教学方法为主，即"呈现—练习—输出"教学模式。一般来说，他们首先在写作课上向学生展示一些写作技巧，对一些教材进行举例分析。接下来，他们安排一些写作任务给学生练习，导致英语写作教学模式单一，写作课千篇一律、缺乏创新。在写作课堂上生生、师生之间也缺乏有效的课堂互动，所以学生学习写作的积极性降低。

同时，写作教学的严重滞后性导致学生不能及时将语言知识进行内化。大学英语写作教学一直没有专用的写作教材，写作内容通常作为精读教材的附带部分，散插在各个单元最后的练习中。这种安排本身就容易导致写作内容零散、结构框架混乱。

（四）教师反馈模式单一

英语专业的写作对学生的语言运用能力要求较高，其作为学生英语语言输出的重要方式之一，体现了语言、思维等方面的综合素养，对于学生整体的英语语言发展来说尤为重要。基于此，英语写作教学也始终在一线教学中占有比较重要的地位。而教师反馈作为英语写作教学中的重要环节，能够帮助学生对自己的文本进行审视、修正等，对学生英语写作水平的提高具有十分重要的作用，进而这也影响了英语写作教学的质量。目前教师反馈大多数是纠错型反馈。

对教师反馈有效性的争议始于20世纪90年代，约翰·特拉斯特和弗里斯针对纠错型反馈的有效性进行了激烈探讨。约翰·特拉斯特认为纠错型反馈有很大弊端，应将其摒弃。但弗里斯则坚持认为纠错型反馈有其存在的合理性。二人的争论催生了大量的相关实证研究，这些研究主要聚焦于探讨反馈是否有效，以及不同反馈方式的促学效果有何不同等问题。随着研究的不断深入，越来越多的研究结果强有力地证明了教师纠错型反馈对于学生写作能力的发展具有正面促进作用。

纠错型反馈对于学生写作水平的发展具有促进作用，这显然已经得到了相关研究的证实，但是频繁运用纠错型反馈模式会造成教师反馈模式过于单一的问题。

三、大学英语写作教学模式

（一）基于网络平台的混合写作教学模式

1. 基于网络平台的混合写作教学模式的重要性

（1）有效提升学生的英语写作水平

基于泛在学习理论，学习不应局限于课堂之上。因此，在这种新的学习模式中，学生可以根据自己的情况、按照自己的节奏学习，他们比以前有更多的时间来关注自己的学习问题。该学习模式通过在线学习环节和面对面课堂教学环节的配合，实现了自主学习与合作学习的结合。例如，利用网络平台的交流性、网络性，学生可以得到陌生人对自己作品的评论；通过聊天群，学生可以实时交流自己与他人对写作的看法和理解。

在面对面的课堂教学环节，学生不是被动地听教师分析范文，而是通过团队合作，学会使用不同的写作策略来完成一篇作文。

（2）激发学生的英语写作兴趣

基于网络平台的混合学习模式更能提高学生对英语写作的重视程度，使学生对目前的写作教学模式以及多种写作活动感到满意。借助网络平台进行写作教学可以使学生在课堂上的知识输入应用到实际的交流中，学生在学习中可以获得成就感，从而提高他们对写作的兴趣。

2. 基于网络平台的混合写作教学策略

（1）对于教师而言

①转变教师角色。语言学习的过程是一个师生互动的过程，因此教师不仅是传授者，也是指导者，更是参与者。教师应通过亲身实践和借助网络技术更新教学模式，尽量打破时间和地点对教学的限制，使教学模式向现代化方向发展。

网络资源辅助下的英语写作教学要求教师具备一定的将信息技术恰当融入英语写作教学的能力。只有这样，才能灵活引导学生在网络平台上写作。因此，教师应不断提高自身素质，树立终身学习的意识。

②合理制订教学计划、策略。教师应合理安排线上和线下的教学，提高学生的学习效率。如果网上学习内容太多或太难，就会让学生感到困惑和厌倦，逐渐抗拒网上学习。因此，教师要制订周密的教学计划，安排合适的学习内容。同时，教师也应结合学习者特点、学科的具体内容和网络平台的特点，采取相应的教学策略。

③兼顾网络平台和课堂教学优势。网络平台是写作课堂教学的延续，起到了优化课堂的作用。但是教师在教学时还是应该抓住重点，这个重点就是课堂教学。如果课堂教学内容安排得太花哨、太复杂，必然会分散学生的注意力，加大教师的工作量，也不利于学生对知识的吸收。在实施网络平台辅助教学的过程中，教师还应及时根据教学内容进行讲解，考核学生对语言知识、语用技能和交际技巧的掌握情况。

（2）对学生而言

①合理利用网络平台。首先，学生要正确处理网络信息与知识，在面对海量资源时及时筛选出适合自己的材料。其次，学会合理分配学习时间，虽然学生线上的时间是自由的，但还应利用合理分配时间，避免自己沉迷网络。最后，还应主动配合小组协作，积极参与到线上讨论和课堂活动中，正确对待混合学习模式，在教师的指导下真正发挥混合学习模式的优势。

②转变学习态度，增强主动意识。除了教师转变角色和教学方式外，学生更应发挥主观能动性，配合完成混合学习模式在英语写作教学中的实施。学习者应意识到英语学习的本质是语言的交流，而英语写作是语言交流的中介，逐渐转变自己的学习动机。语言学习是持续的、终身的，而不是暂时的、随意的，所以学生应对英语写作的学习抱有信心，不要轻易放弃，改变学习态度，尝试对其产生兴趣。

③增强合作意识。在网络平台上教师和学生可以共享资源、交流合作。这些资源不仅限于某个平台，学习者在任何地方发现的资源都可以发布在平台上与团队共享，这样不仅可以增进团队交流，更能提升自己鉴别各类信息的能力。

④英语写作生活化。学生应该认识到网络资源辅助下的英语写作教学可以将生活中零碎的时间和资源进行整合，并且让生活中的实际情况变成网络平台上的文章，让学习变得更加轻松、自然，提升自己的英语写作兴趣。

（二）师生互动写作教学模式

在英语写作教学中，教师反馈的目的在于提升学生的英语写作水平，并通过写作学习促使学生的思维能力得到发展，学习能力有所加强。基于这个原则，英语教育者迫切地想要解决的问题即如何提升学生的参与能力，最终使其英语能力获得发展。

1. 合理利用反馈资源

教师反馈和学生参与的互动需要以外部资源为基础，通过与环境中的资源进行互动，不断提升自身的开放性，从而促进系统的整体发展。因此，相关的管理者及教师应该注重对写作反馈相关资源的利用。

第一，应该合理引入帮助教师进行写作反馈的电子资源。例如，地方性本科院校，英语专业的建设和发展一直以来并没有受到足够的重视。教师也希望学校能够借鉴他校经验，引入国外较为先进的电子资源，如一些能帮助教师进行批改，学生进行写作修改的软件。这样的软件不仅能够帮助提升教师反馈的有效性，也能为学生自主学习提供相应的平台和资源。

第二，教师应充分利用现有的相关资源。目前国内对于相关写作反馈软件的开发较为欠缺，虽然多数教师在一线教学中对批改网有所涉及，但是批改网的反馈主要聚焦于词汇和语法层面，并不能全面地评估写作文本。而大学英语专业的写作具有较高的专业性，不仅仅要求学生能够清晰论述与主题相关的内容，而且对文本的组织、逻辑等都有着更高的要求，因此批改网无法满足更高层次的文本批改需求。从这个层面出发，教师应该合理利用现有资源，结合批改网等软件的优势，充分提高写作反馈的效率。

2. 优化组合反馈方式

教师反馈和学生参与之间的关系并不是线性因果关系，二者之间的交互过程受到多方面因素的影响。但是，教师反馈作为"控制器"，其促学效应应该受到重视。基于此，为促进反馈系统持续发展，教师应该借助不同媒介，结合多元反馈方式，以求发挥教师反馈的最大促学效应。

首先，教师应该结合不同媒介进行写作反馈。教师应通过书面反馈电子反馈和口头反馈相结合的方式对学生的文本进行批改，这有利于增加学生对教师反馈的利用程度。当学生对教师的反馈语存疑时，单一的书面或电子反馈所发挥的促学效应就会有所限制，而教师的口头反馈能够有效地解决学生在利用教师反馈语进行文本修改时所面临的个性化问题。因此，教师应结合口头、书面及电子反馈各自的优缺点进行写作反馈。

其次，教师应该重视发挥不同反馈主体所产生的促学效应。在英语写作教学中，写作反馈的主体可以是多元的。教师、同伴及相关软件都可以成为反馈的主体，发挥其不同的促学效应。教师反馈的作用在于评价导学，同伴反馈的作用在于能够使得学生互评促学；而批改网等软件的作用则在于评价助学。因此，充分发挥不同反馈主体的促学功能，这是合理提升反馈促学效应的途径之一。

总之，教师反馈和学生参与的互动过程具有动态发展的特点，教师如果想要引领系统的动态发展，就需要将反馈效应发挥到最大。因此，在写作反馈中，教师应该组合利用不同媒介、不同主体的反馈方式,以引领学生写作能力的动态性发展。

3. 因材、因地反馈

教师反馈和学生参与作为反馈系统运作过程发生的两端,其各自既作为信息的发出者,又作为信息的接收者,在不断往复的信息交流过程中遵循着自身的运作规律。基于此,教师应该因材、因地进行写作反馈。

(1) 教师应该因材反馈

由于教师的工作量较大等,学生的个性化评价并没有落到实处。写作水平较低的同学和处于中等、高等写作水平的同学接收到的反馈方式并没有存在差别,这导致一些同学在面对相同性质的反馈语时,花费了大量的时间和精力来解决自己所遇到的问题。并且,由于自身的能力有限,学生易在修改过程中产生焦躁等不良情绪,从而降低对教师反馈的利用率。因此,针对学生的最近发展区进行教学评价,因材反馈,这是提升学生参与度、提高教师反馈有效性的路径之一。

(2) 教师应该因地反馈

教师在实际教学中常常面临着不同的境况。由于教师的教学工作繁重,同时还要参与日常的教学管理以及教材编订等工作,导致其精力不足,对学生的写作反馈无法做到有的放矢。

因此,在完成教学任务的前提下,教师应该对写作反馈进行合理化安排,从而帮助学生的写作水平取得发展。如可以通过安排高年级学生成为教师的教学助手,减轻教师的工作负担。

(三) 基于元认知策略的英语写作教学模式

1. 建立元认知使用意识

语言学习者的成功不仅包括对语言知识的掌握,而且包括对语言进行宏观调控的能力以及正确使用学习策略的能力。学习者掌握了语言宏观调控的能力就掌握了语言学习的主动权,就能够从更多层面了解自己、理解所学的知识。而元认知策略对写作的帮助需要建立在良好的元认知知识基础之上,在进行元认知策略写作教学前,教师必须引导学生先学习元认知知识,有意识地激发学生关于元认知策略的使用意识。实验开始时前,通过调查问卷对学生的元认知策略使用情况有了一定的了解,在此基础上对学生开展元认知知识的讲解更具有针对性。因此,在学习元认知策略如何应用到写作中之前,教师首先应该通过讲解让学生理解元认知策略和元认知知识之间的联系。其次,让学生明白运用元认知策略的前提是具备元认知知识，两者既有所区别又相互影响、相互补充，共同作用于学习者的英语写作过程。

2. 元认知策略在英语写作中的应用过程

学生掌握了基本的元认知知识后，教师一方面应当通过日常的元认知策略培训帮助学生熟练地将计划策略、监控策略、评估与调节策略应用于日常的英语写作过程中；另一方面在这一过程中教师要有意识地培养学生对英语写作的整体调控能力，促使他们的英语写作能力能够逐渐进步和提升。

（1）计划策略

凡事预则立，不预则废。明确的计划和方向有助于学习或者工作有条不紊地进行，提高任务完成的效率。笔者通过观察学生的日常写作发现，大多数学生在写作前没有制订写作计划的习惯，通常是漫无目的地书写，最后可能导致偏离文章的主题、论据过少、字数不够等问题。因此，写作计划的制订是促进英语写作能力进步必不可少的环节。

计划策略是元认知策略中的关键环节。写作计划的制订包括写作步骤、层次、时间的安排等。写作计划不仅包括短期计划、长期计划，也包括写作前计划、写作中计划。对于短期计划而言，教师可以先从一篇文章开始让学生根据元认知策略和自身的知识情况做出有关本篇文章的计划，之后再根据学生的写作思路、文章结构、语言表达等做出一定的指导，对其不完善的地方给出合理的建议，帮助学生进行增补和修正。对于长期计划而言，教师可以引导学生制订相关的长期写作计划，这个计划可以是在一个月内或者半年内完成的计划。例如，在一个月内要记住多少单词和短语，记住多少句型，背诵多少篇范文，练习写几种类型的文章等，或者在半年内练习多少种写作类型、达到怎样的写作水平、写作水平提高到什么层次等。针对不同的写作类型，学习者应该采取不同的写作计划策略，有了这些写作学习计划后，学生就可以清楚地了解到学习的任务和目标，在写作的过程中会更清楚自己完成写作任务的方向。

（2）监控策略

做任何事情的过程中如果缺少自我监督、缺少自我监控可能会导致学习者与自己的计划和最终目的有所偏差。因此，在英语写作的过程中，培养学生的自我监控能力具有至关重要的意义。在自我监控的过程中，以计划策略为基础展开英语写作，学习者可能会遇到如何让文章表达更清晰明了、逻辑结构更合理清楚、开头更点题、结尾更具有总结性等问题。元认知策略监控的过程就是解决这些问题的过程，这一过程中不仅需要学习者进行自身策略知识的内化而且需要结合自身的认知结构将学习策略更有效地运用到英语写作中。写作的同时学习者还需要监督自己的写作时间、写作速度、写作方法以及写作计划的执行情况等。学习者在进行自我写作监控的同时，应根据写作任务的不同对自己的写作计划和安排做出及时的调整和灵活的处理。

如果自己偏离了写作的计划、策略没有达到预期的写作目标，学习者应该对自己的写作采取某种补救措施，包括对自我意识的调节和策略选择的调节。学习者应该以写作学习的综合目标为主，理解写作的目的所需要的综合分析能力和逻辑思维能力，明白英语写作主题的中心含义。只有在这种前提下，我们的训练才会转向策略的选择阶段。通过元认知策略和认知策略训练的有效结合，可以帮助写作者避免"严重的语法错误""不当的词语搭配""缺乏逻辑和层次结构"等写作问题，减少写作者的写作焦虑感，帮助写作者克服"写作障碍"。学生在自我调节中使用策略，并且通过教师的帮助来增强英语写作技巧，让学生通过更多的学习任务体验写作策略，并进行一定的策略实践。

（3）评估与调节策略

对文章和策略的评估关乎策略是否可行、综合效果的好坏以及策略使用率的高低。评估是判断策略培训是否达到效果的手段，在写作完成后要对学生所写的文章进行评估，这样学生才能知道在以后的培训过程和写作过程中应该注意的问题和需要改进的地方。这一阶段主要提高学生对写作结果进行评估与调节的能力。学习者的评估和调节能力有所提高，有助于写作计划和写作过程的进展，这对学习者写作成绩和元认知水平的提高有至关重要的作用。在日常的写作过程中，大多数学生在完成写作后往往不会进行反思，不能对自己所写的文章进行有效的评估和调节。这对于学习者而言一方面错失了对文章查漏补缺的机会，可能导致在以后的写作中重复犯类似的错误；另一方面学习者不恰当的学习策略不能得到及时有效的调整，日复一日学习者可能会觉得所采用的写作策略对写作成绩的提高并没有什么促进作用，从而打击学习者学习写作的积极性和自信心，导致学习效率低下。

在写作过程中，由于教师无法对每位学生的写作都给出细致的评价，所以学生的自我写作评估和调节策略是解决此类问题的关键。评价对学生的发展具有导向、诊断、激励等多重发展性功能，可以准确有效地监督学生的学习进展。这一过程的重点是，评价促进学生学习、反思并制定各自的目标。

第四节 大学英语翻译教学

一、大学英语翻译教学的内容

大学英语翻译课堂教学的内容基本上可以分为以下四个板块。

①双语知识与技能。这包括英语和汉语相关知识以及一些基本的学习技能等。

②翻译技能。这是英语翻译课堂教学的重点内容,包括一些主要的翻译方法和技巧等。

③相关知识。翻译并不是孤立存在的,它涉及的范围十分广泛,与其他知识和内容有着密切的关系,因此也是英语翻译课堂教学中重要的内容之一。

④人文素养。翻译要涉及不同国家的政治、经济、文化、历史等,同时翻译也要求译者有一定的能力和素质,因此人文素养也是英语翻译课堂教学中不可缺少的重要内容之一。

二、大学英语翻译教学的模式

(一)以学生为中心的教学模式

以学生为中心的教学模式有着显著的特点,具体来说,其教学的主要目的是培养学生独立的翻译能力;教学的重点发生了转移,由以教师为中心转向了以学生为中心;注重学生学习的积极性和主动性;强调翻译过程;关注学生信心的树立,要求教师对学生的作业持宽容、积极的态度。

就学习的认知过程来讲,只有学生主动地参与到学习过程当中,才能快速高效地完成学习任务。在学习的过程当中,学生的主观态度、意识和情感等因素对学生翻译能力的提升有着重要的影响。因此,在这一模式的具体实施过程当中,教师要善于观察和分析学生的心理特点,并根据学生的特点来适当调整教学,为学生营造一个轻松愉悦的学习氛围,充分调动学生的积极性,激发学生学习的兴趣,使学生勇于发表自己的观点。同时,这一教学模式要求教师结合学生的兴趣、需要、特长以及弱势来组织课堂讨论,以培养学生乐于交流的性格,激发学生的创造性思维,还要求教师对学生的译文持宽容、积极的态度,积极评价学生的优秀译文,树立学生的自信心。因此,无论是在课堂讲解或是课堂实践中,教师都应将学生置于教学的主体地位,并依据学生的实际情况开展和组织教学。

第一章　大学英语课堂教学内容

（二）多媒体教学模式

多媒体翻译教学模式是利用互联网的平台、信息通信技术，把互联网和传统的英语翻译课堂结合起来，创造出的一种新的教学模式。多媒体英语翻译教学模式不是简单地"互联网＋英语翻译教学"，它是在满足了学生对新知资源获取的同时，对传统课堂教学进行的有益补充，成为以项目为导向的现代英语教育技术的重要组成部分。多媒体英语翻译教学展现出直观、形象的教学内容，为教学活动的顺利展开提供了有效手段。因地制宜地使用电脑、网络、自媒体等教学手段，实现了现代信息化教学手段与传统教学方式的有机结合，转变了学生的学习模式、教师的教学模式，在教学中起到了积极作用。

（三）CLIL教学模式

CLIL（Content and Language Integrated Learning）教学法是一种将语言与内容相结合的教学方法，在讲授其他学科内容时将语言作为学习工具，将学科知识与语言知识合并学习。这种教学方法非常适用于跨学科教学，如英语翻译教学。教师在课堂中为学生创建中英文化知识及翻译理论的交流环境，培养学生的交际技巧，这使学生的英语语言使用能力、口头交际能力及学习态度都有所提高。

首先，将CLIL教学法应用于英语翻译课堂，使学生获得了真实的语言环境。例如，在讲授商务信函的翻译时，信函这个话题贯穿语言学习的始终，整节课学生都处于真实的语言环境中，这使得信函中使用的单词、语法、句子完全存在于英语语言环境，学生可以进行目的性较高的交流，完成教学任务。

其次，CLIL教学法有助于培养学生的双语使用能力。CLIL教学法对教学内容、教材的选择、教学目标的设定、教学活动的设计都有极高的要求，这就需要每位教师在课前进行大量背景知识的储备，课后进行教学反思和课程修改。将CLIL教学法应用到英语翻译教学中绝非易事。把语言与教学内容相结合是今后英语翻译教学的大势所趋，因此在高校教学工作中培养学生将英语作为学习工具来学习英语翻译知识的能力是极其重要的。

（四）游戏化翻译教学模式

翻译教学是当前诸多大学英语课程中较为困难的一部分。之所以困难，原因有二：一是在大学英语教学中，教师常常忽略和不重视翻译教学；二是缺乏对大学生进行系统化的翻译理论与技巧教学。所以，在实际的大学英语教学中，大学生在翻译的过程中会出现各种问题，如翻译障碍和语言障碍等。对大学英语教学大纲要求的理解认为，大学英语教学中过多地强调了对大学生阅读能力的培养，而对大学生翻译能力的提升则要求不高且过少。

因此，大学英语教师和大学生都需要重新认识大学英语教学中听、说、读、写、译五个方面的地位和价值，辩证地看待它们之间的关系（相互依存、相互促进），积极转变自己的思想观念，将英语翻译放到重要的地位上去思考去落实。同时，也要积极转变课堂教学模式，创新教学方法，将教师的教和学生的学有机地结合起来，让学生对英语翻译产生兴趣，形成持续行动的动机，只有这样大学英语的翻译教学才能取得不错的效果。

在传统的大学英语课堂教学中，教师往往是处于教学主体和中心的位置之上的，而学生则处于学习的被动接受者地位，学生的学习活动仅限于课堂之上和书本之中。但是现代信息技术的发展，尤其是网络技术的广泛应用，已经促使教师的知识权威角色崩塌，传统"三统一"（统一上课时间、统一上课进度、统一课程考试）的大学英语课堂教学形式已经走上开放、共享和多元化的道路。尤其是在现实的大学班级中，由于大学生在兴趣、能力、思维方式和职业志向等方面的差异，他们的英语学习需求和目标指向也会发生着深刻的变化。大学生在大学英语课程的学习过程中需要的是有效的、互动的体验和技能，能够激励他们学习，并帮助他们处理不同的现实情况。

在现有的大学英语教学体系中，翻译教学也是极其重要的内容或组成部分之一，旨在培养学生的语言理解能力和表达能力。已经有诸多研究学者指出，大学生在现有的大学英语课程教学中学习积极性不高，尤其是在英语翻译能力的养成方面进展甚微。普遍存在着大学生英语翻译能力低下的现象，英语翻译已经成为众多大学生英语学习过程中一座难以逾越的大山，成为他们英语知识体系中极为薄弱的一环。导致大学生翻译能力不高的主要原因就是在大学英语课程教学过程中教师所采用的教学思想、教学模式或教学方法相对陈旧与单一，没有趣味性。尤其是很多大学英语教师习惯于传统的讲授式教学，讲授多于实践，讲解多于实操，教学思想上相对保守和缺少灵活性。在传统讲授式教学模式中，教师往往都是采用满堂灌的方式，让学生通过记笔记和做作业等措施来促进自身的学习。实质上，这种教学方法既不利于调动和发挥学生自主学习的积极性，同时也严重违背了语言学习规律。

学生翻译能力的培养与发展离不开教师的引导和重视，只有教师重视到翻译教学的重要性并积极引导学生参与到翻译教学活动之中，才能形成学生翻译学习的良好氛围。

三、大学英语翻译教学中教师话语的启示

（一）形成正确且有效的教师话语

美国语言学家莱纳德·布龙菲尔德提出只有当学生接触到语言，才能够正确地使用语言。克拉申所提出的语言输入假说回答了语言学习中"怎样习得语言"这一关键问题，在第二语言习得过程中学生主要通过了解信息以及接受"可理解性输入"来学习。教师话语是学生二语习得最直接有效的途径，错误或无效的教师话语对于翻译课堂教学是有害的。

针对这类问题，英语教师可以通过学习不断提升自我的英语话语水平，避免语法失误。在课前积极备课，做到了解学生的实际水平和熟悉授课内容，根据学生现有水平使用学生可以听懂的词汇和语法，即"可理解性输入"语言的使用，避免学生信息接收失败；课前预演说课，模拟实际课堂反复说课，熟练教学话术和教具的使用，在一定程度上可以规避无意义重复、停顿等失误，做到充分利用课堂时间实施翻译教学。

（二）平衡教师话语量和学生话语量

教师是课堂的"引导者"，通过话语来组织开展教学，学生是课堂教学的"主体"，教师的课堂教学目标是使学生在知识、能力、情感等方面有所增长，学生的课堂参与程度直接影响教学目标的实现。在课堂中教师话语量远远大于学生话语量，所以，在实际翻译教学课堂中，教师应鼓励学生转变自身被动接收信息的身份，能够成为问题的发展者以及课堂活动的实际参与者。

关于课堂话语量，在实际的翻译教学中，教师应该减少本身的话语量，为学生创造一个表达思想的环境与机会，让学生最大限度地融入翻译教学中心。教师可以通过多种形式的话语鼓励或话语诱导，引导学生积极思考、踊跃发言。

（三）恰当使用语码转换

教师语码转换在执行教学计划、组织课堂教学和学习者目标语习得过程中，有着非常重要的作用，是教师实施教学计划的主要手段，其适切度会直接影响教学效果和学生的认知发展。在英语翻译课堂中，除去教师朗读翻译答案、教师重复学生翻译答案等涉及翻译文本的语料，实际上教师语码转换出现的频率较低。教师话语的句内语码转换较多，句间语码转换次之，附加语码转换最少。翻译教师应合理运用语码转换的三种形式，结合实际教学需求，实现课堂语码转换教学

功能、元语言功能和交际功能三大功能,用以解释语法、组织课堂、翻译生词、帮助学生理解难点、拉近和学生的距离等。

(四)积极反馈为主并适当纠正翻译错误

在翻译教学中,教师的反馈话语对于学生学习翻译的自信心和兴趣都有着直接的影响。积极反馈比消极反馈更有利于学生行为,积极反馈才能够帮助学生提升完成任务的自信心,强化学习动机,有利于拓展学生的思维。

建议教师避免采用"简单表扬",如"Very good""OK""Well done""All right"等机械反馈,多采取"表扬加重复"的方式帮助学生增强对正确答案的记忆,"表扬加评论"的方式可以拓展更多相关知识点,使学生对问题有更全面、更深刻的理解;"重复并进一步提问"的方式进一步深入探究问题,使学生积极思考并加强话语输出。在教师指出学生的错误时,也要注意时机和语言。教师可以采用"引导学生自我纠正"的方式,通过给予学生一定的提示,鼓励学生再次思考,从而开展自纠。

(五)优化教师话语质量

外语教师课堂的元话语在课堂教学中发挥着重要作用。元话语手段通过相互协调和相互作用,形成连贯的机制链贯穿于教师的课堂话语中,服务于教学目的和任务,为学生提供"可理解性输入",潜移默化地培养其语用能力。因此,英语教师要掌握元话语策略,优化教师的话语质量。

英语教师应更多地采用"互动式元话语",将学生引入课堂互动过程中,增加师生间的互动,增强师生情感,在一定程度上能吸引学生的注意力,使教学顺畅地进行。并且英语教师应恰当使用"引导式元话语",根据上下语素、语句、语篇的关系,合理分布过渡标记、结构标记、内指标记等引导式元话语,以增强教师话语的衔接性、连贯性、逻辑性。

四、大学英语翻译教学中的自动评价

在互联网时代,计算机网络技术已成为外语教学不可或缺的现代教学手段,《大学英语教学指南》也提到各高校应充分利用信息技术,积极创建多元的教学与学习环境:"通过建立网上交互学习平台,为师生提供涵盖教学设计、课堂互动、教师辅导、学生练习、作业反馈、学习评估等环节的完整教学体系。"故将这种基于互联网和语料库的自动评价系统应用于大学英语翻译教学中是必然的趋势。因此，如何将自动评价系统更好地应用到大学英语翻译教学中是值得我们思考的。

第一，教师应改变传统教学观念和教学方式，创设教学条件和创新教学方式，采取在线自动反馈及其衍生的多元反馈等以过程为取向的教学方法，培养学生的学习自主性，提高学生的翻译水平，从而提高学生的自我效能感。教师应充分利用信息技术拓宽学生英语学习的渠道，引导学生正确利用信息技术资源进行自主学习。例如，句酷批改网是一个基于大型语料库的自动评价系统，学生提交作业后即可得到及时且详细的反馈，学生可根据反馈进行多次修改。在这一过程中学生可以纠正自己的错误，了解自己翻译中可提升的方向，在很大程度上提高自主修改文章的意识。而句酷批改网反馈的及时性，使学生愿意进行反复修改直至成绩满意，因此学生的翻译焦虑感降低，英语翻译的信心和动机得到加强，学生的自我效能感提高。

第二，教师应该深化信息技术与教学的结合，创设基于网络资源的互动式教学模式，提高翻译教学效率。教师可以借助自动评价系统来减轻翻译批阅工作量，提高翻译教学的时效性。句酷批改网平台有大量的翻译练习题可供选择，教师可以随时随地在线布置翻译作业，查看学生英语翻译的完成和修改情况，并且可以利用在线人工反馈功能给学生提供反馈，与学生交流互动，从而促进翻译教学效果的提高。

第三，教师应该意识到在教学反馈中自身角色不可或缺的重要性。句酷批改网反馈可以帮助学生提高语言准确性，在一定程度上帮助学生减少词汇、技术性细节、语法、中式英语、篇章结构等方面的错误，但是仍存在提供错误反馈或未能识别译文错误的情况。由此可见，机器自动反馈只应成为教师教学的补充手段，而无法替代教师在教学中的作用。这就需要教师加强自动评价系统反馈与人工反馈的结合，取长补短，为学生提供正确有效的多元反馈，帮助学生更好地利用反馈提高翻译成绩。

第四，教师可以通过预防式的有针对性的改错练习提高学生的语言知识水平，以避免在批改时重复修改学生的共同错误。教师不仅可以借助批改网系统自动生成的有关学生译文的错误分析报告来了解学生译文中的错误类型和出错频率，还可将错误类型进行整理后调整教学重点，在课堂讲解学生常犯的典型错误，并设计相应的专项改错练习题来巩固强化语言点，让学生在改错中认识并纠正错误。

总之，教师要充分重视反馈在翻译教学中的作用，有效地利用信息技术，借助自动评价系统的优势，与教师反馈紧密结合，做到把反馈与翻译教学更好地融合，提高教学效果和效率，从而促进学生翻译水平的提高。

第二章 大学英语课堂教学实施

通过大学英语课堂教学实施能够明确课堂教学目标，提高大学英语课堂教学效果与学生应用知识解决问题的能力，提高大学生英语学习能力，提高大学英语课堂教学质量。

第一节 大学英语课堂教学目标

一、教学目标概述

在教学过程中，教学目标有很重要的作用，不仅可以指引教学的方向，还可以对教学结果进行测量和评价。在布卢姆看来，教学目标应该能够反映学生在认知学习、情感发展和行为改善等方面的变化，是一种可对其观察测量的预计教学效果。他将教学目标分为认知、情感和动作技能三个领域，每个领域可再细分，但整体又是一个完整的分类体系。

教学目标是课堂设计的起点，无论是教学活动还是关于学习结果的评价都是围绕教学目标来实行的，确定合理的教学目标对设计课堂教学、实现学生的学习效果有关键作用。因此，学生对教学目标的掌握程度是评判教师的课堂教学是否有效的一个标准，对学生学习效果的评判采用的是基于布卢姆的教学目标分类体系，探讨学生在课堂教学中的学习是否能够达到预期的教学目标。

在认知领域，按照从容易到复杂的顺序对认知进行排列，可以将其分成知识、领悟体会、应用、分析、综合以及判断总结六个类别。首先从知道具体的知识、处理的知识以及学科中的知识，到对知识进行领会，再到对知识进行合理运用，对其中的要素、关系以及组织原则进行分析，通过交流、计划制订到最后可以通过内部本身的证据和外部的准则进行判断，分类比较清晰，有利于对学生所学知识进行系统的考察。

二、大学英语课堂教学目标

（一）语言目标

英语教师的教学语言，即英语教学语言，此处指对母语为非英语的学生所用的语言；在教学方法相同的基础上，应用不同的语言对教学结果会产生明显的影响。从某种程度上看，教师的语言修养对学生脑力劳动效率具有决定性影响。因此，我们可以通过观察教师的教学语言来衡量教学活动的有效性。

我们应当明确的是，英语课堂用语和英语教学用语并不相同，二者的概念和内涵具有明显差异，前者主要指在课堂教学环节中的特定用语、句式和题目固定，常见于课堂活动的不同环境、不同阶段。威尔斯研究后，对课堂用语进行了归纳整理，将其分为 21 项。后者拥有丰富的教学语言内容，应用范畴也更为广泛，一般可将其分为教师反馈用语、讲授用语等。在英语教学语言的构成中，教师对学生的提问也体现出学生语言输出的重要性。有学者对教师课堂问题进行了分类，一类为展示性问题，另一类为参考性问题。其中，前者主要指提问者了解问题答案，后者则代表提问者不了解问题答案，或问题并无固定答案。通常情况下，因参考性问题并无固定答案，所以在课堂上向学生提出此类问题有利于提高课堂互动性，促使课堂交互的复杂性、真实性等有所提高。柏若科分析后指出，在课堂上提出参考性问题有利于引导学习者思考，并通过输出更多语言的方式在语言习得方面取得一定成果。纽曼强调，教师在课堂中提出的参考性问题会增加学生的语言复杂性，和自然环境话语也更为接近。

课堂教学的语言目标是指教师运用合理的教学方法，充实教学内容，激发学生兴趣，科学选择教学材料，让学生掌握相关语言知识，并最终拥有灵活运用语言知识的综合实践能力。大学英语课堂教学要求教师将语言目标细化，即分为简单语言词汇层面识别、短语层面熟练、句子层面运用、语篇层面宏观把握等 4 个层级。

近年来，我国政府一直致力于大学英语教学模式的改革。《大学英语课程教学要求》明确提出，未来的大学英语教学要以学生英语综合实用能力为主要目标，尤其是要注重培养学生的听说能力，让学生可在未来的社交、工作、生活等方面更好地运用英语进行沟通和交流,并在强化学生自主学习能力的同时,实现综合文化素养的提升,最终达到迎合国际交流和国家社会发展要求的地步。

新时代背景下,大学英语课程改革目标是致力于大学生英语水平的提升,培养大学生英语综合实用能力,尤其是听说方面的能力。英语人才既要具备英语事物处理能力,又要具备英语沟通交流能力。除此之外,要以"英语综合应用能力的培养"为大学英语教育改革的核心,注重培养学生的听说能力。在教师课堂教学语言方面,教师既要掌握目的语,又要迎合现代教学理论来运用目的语开展英语教学。在课堂教学效果的保障上,不仅教学方法、教学设备、教学理念是非常关键的影响要素,而且语言输入机会的把握也是至关重要的影响要素之一。

（二）技能目标

大学英语课堂教学的技能目标,按英语听、说、读、写、译5项基本能力划分,包括听力、口语、阅读、写作和翻译技能,且每一项技能的提高程度也会呈现阶梯形。大学英语课程教学的设计,一般会按照英语5项基本能力将课程内容分项展开。

我国高等院校英语教学要满足科技发展和社会经济发展需求,要致力于学生英语综合能力的提升,既要注重培养学生的读写能力,又要引导学生掌握英语交流和听说能力。此外,王守仁教授指出,未来将以英语的实际应用为大学英语课堂教学开展的根本,注重对学生英语实用能力的培养,并以之为大学英语课堂教学的最终目标,让高校学生可在未来工作、社交、生活、学习等方面都更好地运用英语。

（三）思维目标

英语思维来自英语民族特有的语言构成与文化熏陶。英语民族思维习惯从个体出发,依赖抽象理性,强调个人的力量。课堂教学思维目标不仅包括语言知识的掌握,还包括对语言所承载思想的推理与洞悉。语言是表达思想的基本材料,交流是语言教学的终极目标,因此,课堂教学的思维目标首先定位在语言基础知识的全面夯实,然后是语言交际能力的培养与提高。英语思维的层面应包括语法层面、语境层面、思维模式层面。

（四）文化目标

大学英语课堂教学文化目标首先在于个体认知能力的培养,通过导入英语有关的制度文化与精神文化知识及汉语相关文化知识，培养学生对两种文化的认知能力与独立获取相关文化知识的能力。教师同时向学生输入英语与汉语文化知识，教学内容难易程度的安排应符合学生水平，调动学生的主动性与积极性，充分利用课内外参考资料，让英语学习者不仅可以运用英语文化知识，还可以在英语交际中反映中国文化特征。

大学英语课堂教学的更高文化目标在于跨文化意识的培养，平衡英语文化特征与母语文化特征，避免在语言交际过程中一味强调两种文化知识本身，而忽略了文化知识在特定交际情境中的意义。对于中英文化差异的了解，不仅在于文化知识层面，还应深入理解和熟悉中英文化反映在制度层面与精神层面的差异。课堂教学终极文化目标在于培养学生的语言综合运用能力，包括认知、行为与情感等层面。

大学英语课堂教学中，教师要结合上述要素设置有利于学生个人素质提高、团队互动合作以及加强集体能力培养的教学环节，让学生参与其中，在发现问题和解决问题的过程中解决跨文化交际情境中的矛盾。

第二节　大学英语课堂教学导入设计

一、大学英语课堂教学导入的意义

导入是教师在一个新的教学内容和活动开始时，组织学生进行课前心理准备和知识储备，引导学生进入学习的行为方式。它是整个教学活动中的热身活动，目的是让学生在最短的时间内进入课堂学习的最佳状态。用正确而巧妙的方法进行导入可以使学生在心理和知识上做好学习准备，可以创造良好的英语氛围，安定学生情绪，引导学生进入良好的学习状态，激发学生的学习兴趣和求知欲望，从而把他们的注意力引导到指定的教学任务和程序中来，自然地过渡到新内容的教学。

二、大学英语课堂教学导入的要求

①用声音、图像和文字形式创造英语的氛围。
②方式方法力求新奇、多变、引人入胜，避免刻板、单调。

③要迅速抑制与英语教学无关或有害的其他活动。
④尽量不使用母语。
⑤复习内容和形式要有较强的针对性，照顾大多数学生。
⑥重在激发学生的求知欲，不要过多纠错。
⑦交际性强。
⑧时间适量。
⑨根据新的语言材料来确定导入的内容和形式，使之能自然过渡到呈现阶段。

三、大学英语课堂教学导入的艺术

①制造悬念，激发学生的好奇心。激发学生的好奇心是让学生全神贯注地进入课堂学习的最有效的方式之一。

②利用学生熟知的事物激发他们的兴趣。从学生关注的话题和学生的生活经验出发，也是激发学生兴趣的好方法。

③借助多媒体的全方位展示导入新课。目前很多教师都采用多媒体课件辅助教学。

④自我介绍，引入新课。这种导入方式可巧妙地导入新课内容，引起学生对新知识的渴求。

⑤利用图片和图像引发学生兴趣。教师要不断引导学生运用英语将所学的知识表达出来，起到复习巩固和交际运用的作用，激发学生对新知识的好奇和渴求。

⑥利用歌曲和游戏，创设轻松的学习气氛。一支歌或一首小诗能够很快使学生情绪高涨，为上课做好心理准备。

⑦复习导入，使新旧知识紧密结合。教师以新旧知识的内在联系为纽带，引入新课。

⑧故事导入。教师可以利用这一点用讲故事的方式导入新课，这样不仅可以吸引学生的注意力，为新内容的讲授做铺垫，还可通过故事本身使学生练习听力，获得更多的语言感受。

⑨设疑和悬念导入。教师可通过提问制造悬念，使学生带着问题去听课或者阅读文章，这样可以提高学生的听课效率和阅读速度，使他们更快更好地获取信息。

第三节 大学英语课程设计

一、大学英语课程任务与设计理念

（一）课程任务

英语课程的学习，既是学生通过英语学习和实践活动逐步掌握英语知识和技能提高语言实际运用能力的过程，又是他们磨砺意志、陶冶情操、拓宽视野、丰富生活经历、开发思维能力、发展个性和提高人文素养的过程。

大学英语课程的任务：激发和培养学生学习英语的兴趣，使学生树立自信心，养成良好的学习习惯和形成有效的学习策略，发展自主学习的能力和合作精神；使学生掌握一定的英语基础知识和听、说、读、写技能，形成一定的综合语言运用能力；培养学生的观察、记忆、思维、想象能力和创新精神；帮助学生了解世界和中西方文化的差异，拓展视野，培养爱国主义精神，形成健康的人生观，为他们的终身学习和发展打下良好的基础。

（二）设计理念

①面向全体学生，注重素质教育。大学英语课程特别强调要关注每个学生的情感，激发他们学习英语的兴趣，帮助他们建立学习的成就感和自信心，使他们在学习过程中发展综合语言运用能力，提高人文素养，增强实践能力，培养创新精神。

②整体设计目标，体现灵活开放。大学英语课程的目标是以学生语言技能、语言知识、情感态度、学习策略和文化意识的发展为基础，培养学生的英语综合运用能力，体现学生能力发展循序渐进的过程和课程要求的有机衔接，保证国家英语课程标准的整体性、灵活性和开放性。

③突出学生主体，尊重个体差异。学生的发展是大学英语课程的出发点和归宿。大学英语课程在目标设定、教学过程、课程评价和教学资源的开发等方面都突出以学生为主体的思想。

④采用活动的方式，倡导体验参与。在学习过程中进行情感和策略调整，以形成积极的学习态度，促进语言实际运用能力的提高。

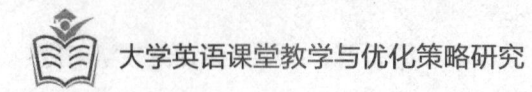

⑤注重过程评价，促进学生发展。建立能激发学生学习兴趣和自主学习能力发展的评价体系。

⑥开发课程资源，拓宽学用渠道。给学生提供贴近学生实际、贴近生活、贴近时代的内容健康的课程资源；要积极利用音像、电视、书报杂志、网络信息等丰富的教学资源。

二、大学英语课程游戏化设计

游戏化教学已经广泛地应用到学校教育的各个阶段。游戏化教学在语言教学过程中的应用绝不是要全盘否定传统教学方式，而是要充分发挥游戏化教学的特色，作为传统英语教学课堂的有益补充，最终实现学生学习效率的提高和学习效果的改善。

（一）设计原则

1. 明确性

教学游戏活动解决的是教学问题，完成的是教学目标，即课堂游戏是为教学服务的，这一点必须是明确无误的。大学英语课程的教学目标是提高学生听、说、读、写、译等综合语言运用能力，故教学游戏的设计与实施也必须服从和服务于这个总课程目标的实现。教学目标体现在大学英语课程的每一节课中，就是需要教学游戏必须围绕着一定的教学侧重点来组织和实施。因此，课堂中游戏活动并不是可以随意安排和实施的，而是需要让它为课堂教学获得良好效果服务。教学目标体现在大学英语课堂教学中，就是要求教师能够根据教学内容安排适当的游戏活动，以求能够让学生语言的新应用得以实践，让学生某些方面的技能得以受到锻炼和快速成长起来。除此之外，大学英语课堂教学过程中安排的这些游戏活动，能使学生更加真实有效地运用所学新知。总之，大学英语课程教学中的教学游戏应用的根本宗旨是让学生在游戏创设的情境中完成对英语语言的综合运用。

2. 特定性

游戏的指向特定性是指教学过程中的游戏元素设计要考虑到不同的教学内容和不同的教学对象，采用具有明确指向性的特定游戏环节。对于英语语法类的知识或技能倾向于设计闯关类游戏，让大学生在逐渐升级的游戏活动中完成知识的掌握和技能的训练。对于思维方式活跃、有独立个性、思想成熟的大学生，竞争类游戏需要优先考虑，简单的呈现性游戏应尽量少用或不用。太复杂高难的游戏会让大学生的英语学习偏离轨迹，太简单轻松的游戏也会让大学生觉得没有挑战性而放弃。

所以，大学英语课程游戏化设计必须要充分考虑到大学生的学习特点和学习需求，只有选择恰当的教学内容，并采用具有一定挑战性的游戏任务，才能激发出学生的强烈学习动机和持续学习行为。较为切实可行的做法是将大学生的日常学习生活问题或任务与英语学习内容相结合，让英语的学习发生在真实或接近于真实的生活场景之中。总之，游戏指向特定性在大学英语课堂教学中的基本目的是让游戏的设计与使用服从和服务于大学生的英语学习，使大学生英语学习的效果更好。

3. 广泛性

游戏的教学应用非常注意学习者在场景中的体验，一个没有良好体验的游戏绝不是一个好的游戏，一个不能将游戏元素和教学活动有机结合的设计也不是一个好的游戏化教学设计。而良好的游戏体验往往离不开游戏过程中学习者的积极参与，即游戏活动设计需要广泛参与性。如何让学生都积极参与到教学游戏之中，常见的做法是采用竞赛性游戏设计，让学生按不同层次的分组参与。教学游戏体验成功的衡量标准是学生都愿意贡献自己的力量，都愿意接受挑战性任务，并且具有强烈的学习成就感。具体来讲，主要包含以下内容：第一，教学游戏的设计要兼顾学生的全员参与和个性参与，让不同水平的学生都有用武之地；第二，教学游戏的设计要鼓励学生彼此之间的相互交流与合作，要体现学生的参与性和合作性；第三，教学游戏的设计与实施需要有效参与和深层参与；第四，教学游戏的设计与实施的关键点还是活动设置的优劣，好则学生会积极参与，坏则学生会主动放弃。总之，游戏在教学过程中的应用是以鼓励学生积极参与课堂教学活动为根本目的的，只有学生积极主动参与到了课堂教学过程之中，学习效果才能得到改善和提升。

4. 主动性

任何教学活动都需要学生的积极主动参与，离开了学生的参与，任何教学活动都会走向失败。尤其是在大学英语课堂教学中，游戏元素的考虑与设计的实质是让学生都主动参与到教学过程中，都产生积极主动的深层学习，即要想发设法地激发出学生的学习兴趣和内在学习动机。为此，在设计游戏化教学时，就需要首先考虑教学活动应面向每一名学生，要让学生成为每一个教学游戏环节的主体，成为教学游戏活动的参与者和问题解决者。为此，需要一线的大学英语教师能够做到以下三点：一是要积极成为教学游戏活动的组织者和管理者，能够通过游戏元素来及时调控学生的活动，使其形成良好的教学活动行为；二是教学游戏活动的开展需要让学生均有所参与，不能顾此失彼搞少数人的活动；三是团队性的集体游戏任务是首要倡导的，只有在团队协作过程中才能更好地体现出学生的活动主体性。

5. 效果性

教学中游戏元素的设计与使用绝不仅仅是为了活跃课堂教学氛围或激发学生的学习兴趣，而是有着更为复杂的原因，即通过教学游戏的设计来发现学生学习过程的有效情况。一个优秀的游戏化教学教师总是能够针对教学的重点和难点，通过学生在游戏过程中的表现，迅速发现他们的优缺点，并展开行之有效的即时指导。在课堂教学过程中，任何游戏的设计与使用都需要服务于教学目标的实现，通过将教学活动变得生动有趣来帮助学生巩固所学和迁移应用。而要让游戏的应用过程起到监控学生学习效果的作用，使游戏活动发挥出充分的作用，就需要确定好教学游戏设计的基本原则，即激励性和竞争性兼顾。大学英语教师应根据不同的教学内容、有针对性地设计和实施教学游戏，相较于游戏结果，更应该关注游戏过程中师生的交互活动和相应的交流体验效果。因此，需要学生团队协作的集体竞争性游戏广受欢迎。教学活动以游戏比赛的方式开展，既有学生个体之间的竞争，也有学生小组之间的合作与竞争，每位学生能够在教学活动中互相学习、相互帮助，能够全身心地投身于游戏教学活动的全过程。

（二）实施方式

游戏化教学的课堂教学实施方式主要有以下两种。

第一种方式是在课堂教学活动中将游戏作为课堂教学支持的工具，并且应用在不同的教学环节中。这些游戏可以是电子游戏，也可是非电子化的各种传统课堂教学游戏，比如活跃课堂气氛的课前（集体）热身游戏，能将抽象概念形象具体化的模拟游戏（如角色扮演、情境再现等），帮助学生理解知识的体验游戏或是帮助学生巩固知识的语言类游戏、计算机游戏和操作类游戏等。游戏的类型可以根据教学环境的不同、教学内容的不同进行选择。

第二种方式是教学活动甚至整节课程被设计成一个完整的游戏系统。这种方法适用于教学内容不能具体化、形象化表现和课堂教学环节较少的时候使用，教学内容对于学生过于陌生，会极其容易导致学生的学习积极性不高。而通过游戏元素的设计与使用，可以让学生快速地进入学习状态中，全身心地参与到教学活动中来，进而能够很好地实现教学目标。

根据教学需要，可以采用两种游戏化教学方式相结合的形式来开展教学，即一方面在导入环节设计导入小游戏；另一方面将新授知识结合游戏机制设计成一个完整的游戏，让游戏贯穿于整个课堂教学活动之中。

第四节　大学英语课堂教学评价

一、大学英语课堂教学评价的概念

所谓课堂教学评价，即教师在组织和开展课堂教学活动时，以学生学习效果和教师教学水平的提升为目的，对学生的学习过程及最终成效展开的综合性评价。教学评价应以课标要求及教学目标为依据，全面有效地监控整个教学过程及成果。在评价的基础上，让学生通过学习英语课程，对进步和成功进行感知，在自我认知过程中充满自信，进而培养并锻炼他们的语言运用能力。教师通过评价活动对教学反馈信息进行获取，据此来总结并反思自己的教学行为，及时做出调整，帮助其实现教学水平的不断提升。

评价是针对学生的学习成绩、教师的教学质量和课程进行的，高校英语专业的学生个体存在诸多差异，主要体现在知识基础和能力水平两个方面。教师的评价机制不采用统一标准，必须要因个体的动态发展为基准，建立和完善评价体系，全面照顾个体的特征指数。传统的评价方式以成绩为基础指标，新的教学目标将学生的创新能力、团队协作精神、个人心理素质及情绪把控等因素作为评价参考，将评价机制划分为质、量两个部分，最终形成总结性评价。教师对学生的课堂表现打分，对阶段实操训练打分，对期末考试理论与实操两部分打分，对学生的职业规划与岗位角色建立度等多方面表现打分，最终形成学生的总体成绩。教师可以从大一开始对学生评价进行记录，形成档案制管理，结合上次评价，与本次评价进行对比，形成本次最终评价，使课程评价成为学生发展的推动因素。

二、大学英语课堂教学评价的形式

（一）主要形式

在教学评价体系内，课堂教学评价单元占据了非常重要的地位。课堂教学评价是教学活动中不可或缺的一部分，对教学活动的发展方向和进程的调节有着重大影响，真正适合的教学评价能够检测教育者的教学成果，诊断出教学过程中出现的问题，并能够及时对教育者提供课堂教学信息反馈。课堂教学评价分为终结性评价和形成性评价两种形式。

终结性评价是目前外语课堂教学中主要采用的教学评价模式，这种阶段性、针对性的测评考试，能在很短的时间内使教育者掌握学生在这段时间里的学习情况。

形成性评价也被称为课堂评估、学校评价、课堂评价和成绩档案评价，但人们通常都称其为形成性评价。形成性评价就是在教学过程中根据教学目标采用不同的形式和手段去追踪教学的效果，由此获得学生对教学内容的反馈，这样的信息也会更加准确、更具有针对性。

（二）表现性评价

表现性评价是一种质性与量性相结合的评价方式，可以检测出传统纸笔测验检测不了的学习结果，更加能够突出测试内容的应用价值，不仅评价学生"知道什么"，更重要的是评价学生"能做什么"。表现性评价不仅是对学生在某个学习领域、某个方面能力的评价，更侧重评价学生运用知识和技能解决问题的思考能力和动手操作能力，强化在真实或具体的情境中考查学生的实际表现。

表现性评价能够起到改善学生的语言表达、合作交流及情感态度的重要作用，增强学生的自信心，提升学习兴趣，促进学生个性化发展。表现性评价在提升学生的学习成绩、情感态度、文化意识以及综合运用能力上有明显效果。

在传统的课堂教学中，教、学、评是由此及彼的线性关系，而在表现性评价中，评价和教与学是三位一体的，表现性评价活动本身就是教与学的一个有机组成部分。由于表现性评价是在真实的或模拟真实的情境中进行的，表现性评价的目标与教师的教学目标以及学生的学习目标相一致，因此，实施评价的过程可以看作一个学习的过程，学生完成表现性评价的过程同样也是学习的过程。在这一学习过程中，学生能够全方位地展示自己的能力，运用已有的英语语言知识和技能去解决新的问题，从而获得能力的提高。而表现性评价是一种可以嵌入课堂教学中的评价方式，可以通过课堂教学中的评价来积极地调整教师的教学、促进学生的学习以及保证教学活动的顺利开展。

首先，明确英语教学目标。在评价活动开展前要确立表现性评价的目标，表现性评价的目标是基于教师的教学目标以及学生的学习目标确立的，因此，表现性评价能够帮助教师进一步明确教学目标，促使学生明确自己的发展目标和努力方向，有利于教学目标的实现以及学生英语核心素养的发展。

其次，提供多样化的教学形式。我国新课程理念改变了课堂上单一的教师讲授式的教学方法，在英语学科听、说、读、写四个部分的教学中提倡教师教学的灵活多样性，以英语语法为主的传统英语教学法已经不能适应时代发展的需要。吴广义指出，英语教学已不再像过去那样把学生看作空的容器，对学生灌输知识；英语教学应改变原有的单一、枯燥的讲授式教学方式，发挥教师的主导作用，因材施教，引导学生自主学习，更加关注学生英语学习的过程，提供多样化的教学形式。表现性评价集多种评价形式于一身，评价的类型丰富多样，如口语交际、演讲、表演、辩论、调查、作文等，将表现性评价应用在英语的课堂教学中可以丰富课堂教学的形式，为学生营造一个良好的学习氛围与真实的情境，提高学生对英语学习的热情和兴趣。

最后，完善英语教学过程。教师教学活动的开展建立在教学设计的基础之上，教师要根据自己积累的教学经验和学生的日常学习情况总结并预设与学生的交流互动和学生的课堂反应。表现性评价可以很好地推动教学活动的开展，指导教师根据学生在教学活动过程中的反应与表现及时做出相应的调整，使得教师可以面对不同的教学状况进行教学进程的调整，有效地将评价的诊断、反馈、调节以及管理等功能融于教学过程中，使英语教学的过程得到进一步完善。

三、课堂教学评价的功能

课堂教学评价以学生的课堂表现为主要侧重点，这些表现主要体现在师生之间、生生之间的互动，学生的学习自主性以及其情感等。在课堂教学评价活动中，学生学习和教师教学的一系列过程都受到了重点关注，其中包含了教师对学生的评价和引导、对学生学习兴趣的激发等。

课堂教学评价的功能主要体现在带动学生的个体发展，促进教师的专业成长。就英语课堂教学评价来看，其以课程目标的达成为主要任务，即对学生语言运用能力的培养与锻炼。英语教师在课堂教学评价中要把培养学生的学习兴趣、态度和自信心的教学目标融入评价过程中，把培养学生良好的学习策略和学习习惯作为教学评价的目标之一，在课堂教学评价中要提升学生语言学习的能力以及自我监控和自我评价的能力，以学生的发展为本，确立学生的主体地位，培养学生综合运用语言的能力，为学生的自主学习和持续发展打下基础。

教师作为课堂教学活动的引导者、课堂评价的执行者，要具有应变能力，视情况调整课堂教学评价的节奏,使学生感受到将课本知识转化为实际生产力过程中的愉悦感和成就感。教师也是课堂教学评价的设计者,根据学生的学习现状设计课堂评价量表,具备准确客观地评价学生语言应用的能力,并且能够根据评价结果不断调整课堂教学活动和方法,激励学生参与到课堂活动中,提高课堂教学质量。最重要的一点,教师要通过评价来判断学生的价值观,并用自己的行为去引导或强化学生正确的价值观和民族自豪感。显而易见,教师的行为在课堂教学评价中发挥着关键作用。同时,教师课堂教学评价行为反映出教师个人的评价素养,其形成受到自身的课堂评价观念、认知、情感和言语等因素的影响。

四、课堂教学评价的策略

(一)促进学生的"学"

英语课堂教学能够促进学生英语学习能力的发展,英语课堂教学评价则是侧重学生的"学",评估教师的教学应根据学生的学习效果和学习反馈。教师在"评学"的基础上,通过对"教"的不断改进,实现以学促教,从而不断提高课堂教学质量。使用教学评价结果促进学生学习的关键在于学生和教师要勇于从评价结果中发现问题,而从评价结果中所反馈出的具体问题,需要师生共同协商解决,努力实现以评促学。同时,教师应注重对学生的素质、知识和能力的评价。在学习的过程中,评价在教师和学生不断地交流互动中进行。为了使这种以评促学的评价成为可能,所有过程中的各种评价均须依据统一的标准完成,从而实现教学评价从"评教"转向"评学",以学促教。

(二)提升教师课堂教学评价能力

大学英语课程的教学目标主要有培养学生的英语语言应用能力、提高学生的跨文化交际能力和培养学生正确的价值观和思辨能力等。这与社会所需求的复合型专业人才培养目标是相匹配的。课程教学目标实现的关键取决于学生的课堂学习行为,即是否在课堂教学中掌握、吸收和运用知识,是否具备灵活运用语言知识的能力,是否具备延伸学习的能力等。那么,课堂教学评价发挥着诊断的功能,而教师的课堂评价行为便是其中的关键。大学英语教师在课堂教学中可以通过多种形式多维度地对学生的语言学习进行评价,鼓励他们积极参与课堂互动,在课堂教学评价中充分表现自己。

（三）构建多元化科学评价体系

教师应在承认学生间存在差异的条件下，建立教学多元评价体系，以不同的视角观察和评价学生，使每个学生在教学评估中能够重新认识自我，找到自信，发挥学习潜能。教师应创新试题形式，注重联系社会生活实际，增加综合性、应用性、探究性试题，着重考查学生独立思考的能力，培养学生的开放性思维，还应加强学生间的自评和互评。

（四）构建课堂教学评价体系

基于多元化的教学模式，教师可获得更明确的数据，从而对学生的学习情况进行合理跟踪与评价。基于此，教师应将学习进程作为一个评价维度，将学生的学习时间、学习内容、学习方式、学习最终效果等方面归纳其中。同时，引导学生对不同阶段的学习情况进行自我评价与同伴评价。最后，教师将评价结果进行记录，将其反馈给学生及学校。

第五节　大学英语课堂教学实施策略

一、培养学生良好的学习习惯与态度

习惯是潜意识中的自动化反应，可以不经过大脑思考就自动完成工作。学习习惯的养成可以帮助学生的学习行为进入一种重复性模式，这种行为比较稳定。教师应注重对学生学习习惯的培养。所谓"态度决定一切"，要学好知识，首先要有良好的学习态度。学习习惯和态度对大学生来说至关重要，在实践中，可以通过以下几个途径来进行培养。

第一，及时纠正学生在学习中的一些不良思想，培养积极的学习态度。平时教师要重视学生的思想道德方面的教育，帮助学生树立远大理想，加强对学生日常行为的管理，对学生课堂上的行为进行考核，引导学生日常行为规范化。教师要在课堂上运用各种手段和方法，让学生体会到学习的乐趣，对他们多欣赏、多表扬，如有缺点和不足多给予包容，帮助他们逐步克服自己的缺点，不断提高自我、完善自我。

第二，充分利用互联网的优势，通过手机或电脑，加强与学生的联系和沟通，帮助学生养成良好的英语学习习惯。可以利用微信或 QQ 布置相关的学习任务，结合相关的英语学习 App 或小程序，如班级小管家，实现每日单词记忆打卡、阅读打卡、跟读打卡；利用英语"趣配音"里面的经典电影片段，让学生进行配音训练，从而提高口语水平；还有背单词的百词斩、每日单词打卡或语音打卡等，通过这些方式来培养学生良好的学习习惯。刚一开始，也可以根据学生的情况，以轻松有趣的方式安排适当的预习或复习内容，教师可以根据学习的完成情况给予适当的奖励。

第三，充分利用同伴的互帮互助。教师可以把学生分成若干小组，小组里有英语水平相对较好的和较弱的学生，形成互帮小组。教师可以布置小组活动，小组成员结伴学习、互相鼓励、互相监督，并在课堂上把成果展示出来，让教师进行评价，这有利于发挥学生的学习积极性。学生要养成良好的学习习惯，不仅需要耐心，更需要师生的共同努力。教师要真正做到对学生认真负责，牢记自己的教育使命，为教育事业的发展发挥光和热。

二、提高学生的课堂参与意识

"要让学生成为学习的主人，先让学生成为课堂的主人。"要获得知识，只有从实践中通过锻炼获得、从经验中获得才是最深刻的。老师教得好很重要，但学生能否学得好取决于学生自己的努力。"兴趣是最好的老师"，被动的学习很容易使学生对学习失去兴趣和热情，消极应付教师布置的任务，甚至忽视教师的任务，对这些任务置之不理，这样的学习效果可以想象得出来。

赞科夫曾认为，教学如果触及学生的情感和意志领域，其发挥的作用就是高度有效的。如果学习缺乏情感参与，那就是被动的。长期以来，高分低能现象普遍存在，传统的"填鸭式"教学忽视了学生的兴趣，阻碍了他们的想象和创新，违背了学生的心理发展规律。

第一，重视以人为本，对学生的情感态度进行关注，让学生主动参与到课堂中来。教师对学生的关爱，会使学生在课堂上感觉比较轻松，心情比较愉悦，有助于他们用更加积极的态度参与课堂教学。

第二，设计丰富多彩的教学活动，不断更新教学方法和手段。这样有助于激发学生的学习兴趣，刺激他们的内部动力。尤其是针对不同专业的学生，更是要选择不同的教学活动和方法，最大限度地让他们参与到英语课堂教学中来。

第三，降低课堂参与难度，充分利用激励手段。英语课堂教学要让学生积极参与，要根据学生的实际情况设置任务的难易程度。同时运用多种激励手段，比如，小组竞赛、知识抢答、限时活动等，鼓励他们尝试，并给予相应的奖励。

三、教师课堂教学语言的可调整策略

在平时的教学活动中，教师应注意规避自己的教学语言中可能出现的各种问题，课前精心备课，组织好自己的课堂用语，合理安排各项课堂活动所使用的教学语言，保证教学语言的真实性，注意课堂话语的逻辑性与规范性，尽量给学生创设一个原汁原味的语言环境，有效促进学生二语习得能力的提高。因此，探讨教学语言的可调整策略显得尤为重要。从大学英语课堂组织形式的可调整策略、教师教学语言英汉比例的可调整策略、教师角色自我评估的可调整策略这三个综合维度对高校大学英语教学提出建议。

（一）大学英语课堂组织形式

在英语课堂活动的组织形式中，从学校层面来说，学校可以考虑给学生提供丰富多彩的第二课堂活动，比如英语角、英语影视观赏厅、英语原版小说阅读欣赏等课外活动，给学生提供多种多样的英语学习方式，增强学生的学习兴趣，也可以增强学生对英语学习的环境感知力。

从教师层面来说，教师需要充分运用现有教学资源，实现教育话语的进一步丰富。教师话语在课堂进行过程中，在力求精准、真实的条件下，也要灵活多样，充分利用线上线下多种教学方式，探索"互联网+"背景下的各种互动模式，从而加强学生语言习得的兴趣与效率。另外，在课堂活动上，要提升师生互动频率，可以多设计一些真实场景进行对话练习，比如工作面试、商务谈判、生活场景讨论等，让学生不再局限于只会在教室中讲英语，在生活中也能运用自如。这样可以增强学生实际运用的的能力，强化学生语言自信心，调动学生主动学习英语的兴趣。

从学生层面来说，在课堂中，学生应积极参加教师设计的课堂活动，踊跃发言；也可以与其他同学创设英语对话场景，用简单的口语进行交流，从而逐渐提高自己的口语水平，增加自己的口语输出；制订英语学习计划，在课前多搜集与课本内容相关的背景知识，主动用英语参与到课堂内容讨论中，课后可与教师用英语探讨所学内容，提升英语应用能力。

(二) 教师教学语言英汉比例的可调整策略

教师教学语言英汉比例的适度调整，可以促进学生二语习得的效率提升。教师教学语言的提升对于给学生创设语言环境是非常重要的。

从学校层面来说，学校应加强对教师的专业培训，让教师集中学习课堂规范用语的相关内容，提升教师语言的规范性和准确性；同时也可加强教师教学语言的监管，注意英语教学语言适当比例的应用对学生学习的影响；可安排教师到更多国内外重点院校观摩学习，从而提升教师英语课堂教学语言的丰富性和专业性。

从教师层面来说，英语教师不仅是英语教学方法的探索者，而且还是英语语言的传授者，同时也是英语语言的学习者和使用者。教师应充分了解学生的语言水平，做到教学语言的英汉比例调整适度。教师在备课中应明确英语教学语言在各项教学活动中的比例，比如课堂用语里发布指令的语言以及讲授用语中的英语比重要超过教师反馈用语和师生互动用语。

在调整教师教学语言英汉比例的过程中，一方面，教师要致力于个人教学语言技能和水平的提升，为学生提供精准、流畅的语言输入；另一方面，教师还要掌握学生的英语学习状况，按照不同学生的不同情况合理划分英汉比重。在大学英语的初级阶段，教师的英语语言输入要控制在50%上下，在充分保证必要的英语语言环境的条件下，借助母语帮助学生充分理解课堂所教内容。随着学生进入语言的适应期即大二阶段，学生的英语水平有了提升，教师教学语言的英语占比可调整至60%~80%，通过教师纯正、地道的语言表达，为学生营造尽可能纯正的英语语言学习环境，促进学生英语学习的可理解性输入。

从学生层面来说，随着教师教学语言英语比例的适当提高，学生应加强自己的英语听力理解能力，逐步调整对英语课堂中英语教学语言比例提高的适应能力；提高自己的口语输出能力，多与教师用英语就所学内容进行讨论，也可就自己难懂之处提出疑问，就地解决课堂中遇到的难题。

(三) 教师角色自我评估的可调整策略

从学校层面来说，应采取适当的奖励与鼓励措施，加强教师的职业荣誉感。应给教师更多的自由时间来思考课堂设计，积极鼓励教师参与学术活动，学习最新的教育方式与手段，更新教育理念，在课堂中给学生注入新鲜的思想与活力，从而提升教师从业的成就感。

从教师层面来说，学生希望在整个英语课堂中始终处于轻松、愉快的氛围中，进而在良好的师生关系下习得语言知识，加强师生互动。教师的话语水平也是教师个人魅力的一种展现。教师卓越的教学语言，不仅能够大大提升学生学习英语的兴趣与热情，而且还能让学生处于快乐学习的状态中。因此，教师教学语言的提升，对于大学英语整体教学环境的改善也有着积极的促进作用。

四、提升教师的教学反思能力

反思性教学是指教师对教学实践的重新认识和思考，以获得更多的经验教训，促进教学水平的提高。教师不只要反思自己的教学过程，还要研究自己的教学理念、教学行为、教学方法和教学效果等。通过反思，教师可以了解自己所选择的教学内容和方法是否适合学生，是否有不恰当或错误的地方，从而在接下来的教学中做出调整，使课堂教学日臻完善、教学效果向理想的方向发展。

五、建立融洽的师生关系

"亲其师，信其道"，如果师生关系比较融洽，教师传授的知识也易于接受，那么学生就会从情感上喜欢上英语课。学生更喜欢温和、能平等交流的教师。英语课程标准也明确指出"关注学生情感，营造宽松、民主、和谐的教学氛围"。在良好的氛围中，学生会积极参与并主动配合教师的课堂教学活动。所以，教师每次进教室时，不妨微笑着跟学生打招呼。新的课堂知识的获取应该由教师和学生共同探索，而不是由教师单方面教授。良好的师生关系更容易营造出轻松愉快的课堂气氛，能进一步保障学生对新的课堂知识进行探索，增强教学效果。

第三章　大学英语课堂教学反思

英语课程是高校覆盖极广的一门课程，在人才培养中也发挥了重要的作用。然而，现阶段的大学英语课堂教学显露出一些弊端，在一定程度上影响了大学英语课堂教学的顺利开展。本章简单分析了当前大学英语课堂教学中普遍存在的问题，并针对课堂互动、学生参与、合作学习三个方面提出相应的改善措施。

第一节　大学英语课堂教学存在的问题

一、教师层面存在的问题

（一）教师教育理论掌握不牢固

很多英语教师没有系统地学习过语言学及常用的英语教学法，对英语教育理论知识等知之甚少。教师的英语课程理论知识较贫乏，并且缺乏对大学英语课标和国家课程改革的深入了解。学生因缺乏英语学习策略指导，从而使用大量的课堂时间和课余时间对单词进行记忆，他们的时间和精力被耗费太多。教师应该开展理论学习，用理论指导实践，让学生克服对于英语学习的恐惧心理。教师应采用多元化教学方式，激发学生参与学习、体验语言的兴趣。

另外，如果教师的教育理论功底不扎实，就不能将教育心理学知识运用到教学中，就缺乏对学生学习规律、学习心理的深入研究，导致教学活动的设计不能充分吸引学生，不利于教学活动的顺利展开。

一些教师对英语教学相关理论的了解不够深入、广泛，对理论把握不牢固，缺乏理论与实践相结合的成功经验亦是教师英语课程开发意识较弱的根本原因。

由于工作的压力和时间的限制，大多数英语教师很少深入研究教育实践中的现象和问题，很少联系学生的实际生活，忽略了学生的主体地位，没有对教材进行创新和整合利用，缺乏对教材的宏观把握。这样很难将理论和实践相结合，也很难探究出属于自己的教学思路。

（二）教师教学实践能力欠佳

部分教师的教学实践能力欠佳，一方面，由于教师缺乏对教学大纲及教材的深入研究，在设计教学活动忽视了学生的学习特点、学习情况、语言水平，导致教学方法的采用不太恰当。教师不能很好地将教学理念贯彻到课堂中，导致教学实践能力较差。另一方面，教师的教学实践能力欠佳还体现为对课堂的掌控力不够。教师应认真学习先进的英语课堂教学理念，不断积累教学实践经验，切实提高大学英语课堂教学水平。

总之，现阶段的大学英语课标要求英语教师具备更扎实的语言基础知识和文化素养，英语教师需提高英语课程资源整合意识和课程开发意识，广泛而深入地学习英语教学的相关理论知识，积极投入教学实践，将理论与实践有效结合，提高教学执行力和自身专业素养等。因此，英语教师必须树立终身学习观，不断提高自身教育教学素养，才能在教育教学的道路上有所发展。

（三）教师教学反思行为不足

教学反思是指教师按照教学标准，对自己在教学中存在的问题进行思考和研究，力求教学的合理、有效。孔子说："吾日三省吾身。"教师肩负着教书育人的责任，要经常对自己教学的各个环节进行反思，发现问题与不足，让自己在实施教学时保持理性和清醒，提高自己的教学能力，成长为真正有经验、有成效的教师。

然而，一些高校的英语教师虽然大部分时候会有反思的行为，但多流于形式、浮于表面，而且反思也不及时，多流于感性经验，很少进入理论探索阶段，反思的内容也缺乏连贯性和系统性，效果不佳，对教学的影响也不大。所以这也影响教师反思的热情和积极性，反思意识和反思习惯难以养成，对教学的促进作用也不大。

(四) 教师教学方法和手段单一

"以学生为主体，以教师为主导"，这体现了素质教育的要求，也是建构主义学习理论和人本主义学习理论所强调的内容。然而，如何在教学过程中实现"以学生为中心"也是一个难以解决的问题。现在，一些教师认为互动教学不仅让学生在课堂上多说话、多阅读、多记忆、多写作，而且体现了新的教学方法和教学理念。

在对英语教师提问相关教学方法时，大部分教师使用最多的方法仍为讲授法。讲授法是一种传统的教学方法，是大学英语教师普遍使用的方法，其次是练习法、讨论法和情境教学法。在对毕业生的访谈中，他们"希望英语课堂多点互动，多注意口语的训练，老师可以多给点小组任务，比如排练小剧场""希望老师在课堂上不要只讲课本上的内容，可以多说点学生感兴趣的话题或者对学生将来就业有帮助的内容"，这也反映出教师教学方法相对单一、缺乏变化。虽然有些教师意识到了师生之间的双向活动，但他们只停留在输入的初级阶段，很少有人关注或进一步探索输出的方式，以教师为主、学生为辅的传统教学观念一直存在。

目前，虽然大部分英语教师使用的是多媒体教学手段，但其中的大部分流于播放教学 PPT，而且多为教材附带的 PPT，这种 PPT 只是单纯地把教材内容用电脑屏幕显示出来，并不能体现因材施教的教学设计，也没有根据学生特点设置有针对性的内容。这对引起学生学习英语的兴趣并不利。除此以外，教师还缺乏灵活多样的教学方法，使学生难以产生学习的激情和动力，英语教学的有效性受到很大影响。

此外，还有教师在教学过程中过于依赖多媒体。例如，有的教师把一节课的所有环节和内容都做成课件，哪怕只是一个简单的问题，或者教师要对学生的活动进行反馈和检查的内容，也都在 PPT 上面呈现出来。虽然多媒体资源很丰富，可以吸引学生的注意，但其课堂时间大大超过了学生独立思考或理解课本内容的时间。多媒体设备没有发挥其在课堂教学中应有的作用，反而限制甚至扼杀了学生的创造力和想象力。有些教师不带读单词课文，全凭录音带读，有研究显示，学生在学习语言时，跟真人学的效果远比跟视频或录音学习的效果好得多。还有些教师想上课时就在课堂上读一下课件内容，不想上课，就在课堂上给学生播放视频或电影，有些内容甚至与教学内容毫无关联，这些行为都不利于教学效果的提高。

（五）教师缺乏专业培训

目前，一些高校的英语教师在上岗以后，有很大一部分没有参加过对专业提升的培训，专业素质得不到有效提高，不能将英语教学和专业相融合。这主要由以下几方面原因构成。

首先，一些学校的英语教学任务重，英语教师教学工作繁忙，无暇去参加专业性培训。

其次，一些学校的领导不重视教师培训。一些学校从未组织过对英语教师的专业性培训，只有国家和省级教育部门组织英语教学培训时，才会通知教师去培训，而且名额有限，资源不能普及所有的英语教师，大多数是教研组长去培训几天，回来后用几个课时的时间来培训其他英语教师，以此来完成上级交代的培训任务。

调查发现，有些英语教师是希望自己接受一些专业培训的，更有部分教师愿意去参加专业技能培训，从而提升自己的专业技能水平。虽然教师自己拥有这种想要提高自身英语教学能力的先进认识，但是实际上很多学校几乎没有开展过对英语教师的专业培训，也不重视对英语教师做这种针对性的培训，因此，英语教师的教学模式还是以传统模式为主，教学方式和教学内容未能有较大的改革。

二、学生层面存在的问题

（一）学生课堂学习积极性不高

因为英语比较抽象、较为独特，学生在英语课堂上不敢与教师进行交流互动，也不敢充分调动自己的英语能力分析问题。大学生欠缺相应的英语课堂能力方面的锻炼，导致他们的思维能力难以得到提高，而学生的英语能力没有获得锻炼，就造成了学生的英语能力比较欠缺，这是一个恶性循环。在这种情况下，学生难以建立英语学习的信心，自然也就无法开展英语能力的培养。

（二）缺乏主动学习意识

因为缺乏主动探究学习的机会、学习交流方式单一，学生课前较少主动学习，在课堂上缺乏主动思考，更不善于合作学习。如果学生在整个教学活动中缺乏积极性和自主性，便无法有效提高各方面的能力，因此教师要注重调动学生的积极性。

三、教学层面存在的问题

（一）教学目标和内容与专业锲合度不够

在长期的观察中可以发现，有些教师的教学目标在具体实施时落实得不够具体，出现教学目标与教学活动脱节的现象。比如，在对话课的教学目标中设计了"使用新单词造句"这一任务，但是整节课只是分析讲解对话，再朗读对话，使用新单词进行造句在教学活动中根本没有体现出教学目标，使得教学目标、教学活动、教学方法各方面都不能互相吻合。

现阶段，一些高校的英语教学目标和内容体现不出专业特色，如果教学目标不能与学生的专业有机结合，忽视学生专业素质和专业技能的提高，那样也难以体现出大学英语的教学目标。

调查发现，一些教师选择的教学内容与专业结合不紧密，有的教师只教授课本上的相关知识，认为完成课本知识就够了，选择的教学内容不能很好地服务于学生的专业。此外，调查发现在一些高校中，无论哪个专业，教师使用的都是统一的教材，教学计划由教研小组统一订制，教学内容和教学进度也要进行统一，最后使用统一的测试卷，没有体现专业差异。再加上教师的职业倦怠，只管按照学校统一的标准执行，不大考虑是否与学生的专业相结合，教学是否有效。另外，这些英语教师大多来自师范专业，知识结构相对单一，缺乏对学生专业知识的了解，所以很难把握"实用、够用"的程度，无法为学生专业课提供更多的服务。现阶段的高等教育强调学生知识的实用性和这门课程对学生未来就业的服务功能。

（二）教材与专业特色结合不足

教学理念的重要性体现在教材上面，教材也是贯彻办学方针和教学理念的重要工具。编写英语教材要注意把语言基础知识与学生专业结合起来，突出语言学习的知识性、交际性和实用性。

笔者在调查中发现，一些高校设置的专业比较多，但各专业使用的英语教材是统一的，课时安排也不够，与教学大纲规定的时数相差甚远，任课教师在教学过程中不得不删减部分教材内容。另外，教材的使用也没有充分结合专业特色，教材内容或者教师教授的知识与学生的专业知识不匹配。而且根据调查情况来看，大多数学生觉得内容偏难。

教材缺乏实用性和专业性,这种英语学习对学生未来的发展没有帮助,不利于学生英语学习兴趣的提高和英语语言能力的发展,不能体现英语服务学生未来工作岗位的功能,也不能体现英语作为一种工具的实用性。

(三) 教学模式脱离学生实际

一些高校的英语教学课时少、任务重,教师在规定的时间内组织课堂管理、完成教学任务已然不易,更缺乏时间与精力深入研究与学生实际生活联系密切的英语教学方法。另外,在教学过程中,部分教师过分注重学生对知识结果的掌握,忽视了学生学习和思考词汇及课文内涵的过程,忽略了学生的生活经验与词汇或课文的联系。

学生的自主学习策略、语言知识技能等方面的培养大部分通过课堂活动实现。但课堂活动不是英语教学的唯一主场,教师要引导学生带着社会生活经验走进课堂活动,并带着知识技能走向课外,在生活中检验和运用,以便获取更多意想不到的"果实",从而提高学生的学习成就感,丰富学生的学习与生活。英语教学空间应尽可能拓展到生活中去,这样才能使英语课堂教学充满生气与活力。

(四) 教学中缺乏有效的学习环境

学习英语需要与一定的社会文化背景相联系,非英语文化背景下的英语教学需要创造一定的"情境"。

当前,部分高校的英语教学受传统模式的影响或者说是束缚,应用新媒体技术较少,不能在课堂上最大限度地为学生营造学习英语的语言环境。而英语教学是一种语言类教学,学习语言对语言环境的要求是非常高的。我们应创造一个英语学习环境,让大家都用英语去交流,通过逐渐积累,英语成绩和英语能力就能够快速得到提高。

第二节　课堂师生互动

一、互动的概念、分类和作用

（一）互动的概念

互动的概念主要包括以下几个方面。

1. 互动是一种活动

互动首先是一种活动，互动主体之间的身份关系是通过活动来实现的。关于互动的本质内涵，不同学者提出了不同的见解。

米德从活动的角度出发，提出互动的实质是主体与客体之间相互沟通的活动。

叶澜指出，互动是指人与人之间进行有目的的活动。也就是说，互动具有一定的目的性，在活动中产生和发展。

从互动的要素构成角度来看，《中国大百科全书》中的互动包括自我互动、人际互动和社会互动。

虽然学者们对互动的解读角度各不相同，但是大部分学者认同"互动是一种活动"这个说法。

2. 互动是相互的

互动是指两个或两个以上的个体或群体之间的交互行为，既可以指人与人之间建立交互关系，又可以指物与物之间、人与物或环境之间建立关系。换言之，个体与个体之间、个体与群体之间、群体与群体之间两个或两个以上的个体或群体才存在互动的可能性。互动离不开特定的情境条件，应具体到某一环境中或某一课堂教学中，离开了特殊场合或实际社会条件，谈互动就毫无意义。

特定的互动情境是在互动活动中产生和形成的，互动目标的实现会随着情境的变化而变化。互动主体之间需要借助语言、文字、符号等媒介相互协商和交流，站在他人的角度看问题，既充当说话者又充当倾听者，相互理解对方要表达的意图和想法，才能更好地实现互动。

3. 互动是发生变化的

互动是彼此之间发生变化的过程，不只是心理和行为的改变，还有情感、价值观和态度的改变。这变化可以是细微的、潜移默化的,又可以是显而易见的。彼此之间进行互动,一方面会引起彼此的思维模式、认知结构、操作技能等因素发生变化,另一方面也会促进彼此的态度、价值观、情感情绪等方面的变化。

我们可以从互动是一种活动、互动是相互的和互动是发生变化的这三个角度来较为全面地阐述互动的本质内涵。

互动是两个或两个以上的个体或群体之间相互交换信息,彼此对信息的刺激做出能动反应,促使彼此发生变化的活动。

(二) 互动的分类

1. 按照互动的不同对象划分

根据互动对象的不同,有学者把互动划分为人机互动和人际互动。人机互动指的是人与计算机、多媒体之间的交互作用。人际互动是指社会环境中的人与人、人与群体、群体与群体的交互作用。这一分类较为单一,忽略了人与环境的交互关系。

我国学者鲍子颖认为,互动的维度是多元的,把互动分为人—人互动、人—机互动、人—材料互动,它强调了以人为主体开展的互动活动。在课堂教学中,人—人互动还可分为师生互动、生生互动。人—材料互动指的是人与学习材料的互动。

2. 按照互动的不同内容划分

学者韩琴把互动按照不同内容划分为认知互动、情感互动和行为互动。其中,认知互动是指两个及两个以上的个体运用已有的知识和经验,通过积极思考和交流,实现认知思维的提升。情感互动是指两个及两个以上的个体互动交流过程中,彼此交换信息引起各自的情绪情感发生变化的活动。行为互动是指两个或两个以上的个体或群体进行互动,彼此交换信息引起行为发生变化的活动。

3. 按照互动主体意识的显现方式划分

有学者把互动按照互动主体意识的显现方式划分为内隐互动和外显互动。其中,内隐互动和外显互动是并存的。内隐互动是指看不见、难以描述的互动,主要包括认知互动和情感互动。与之相比较的外显互动却是看得见的、可语言化的互动,如行为互动。内隐互动和外显互动在一定条件下会发生相互转化。

(三) 互动的作用

互动的作用主要包括以下内容。

1. 有利于拓展思维方式

互动作为一种交流方式，能够拓展人们的思维方式。互动主体在特定的互动情境中，通过与客体进行信息的交流和沟通，使原来的行为和价值观发生改变，进而形成新的思维方式，取得良好的互动效果。

2. 有利于激发主体主动参与的意识

互动是两个或两个以上的个体或群体之间发生交互作用和影响的动态系统。通过引导和强化双方的关系，个体或群体之间的互动就可以由被动变为主动，进而产生良性的相互作用，激发互动主体积极主动参与的意识，更大地发挥互动主体的主观能动性，保证互动目标的顺利实现。在课堂上，互动是联系教师、学生以及教学内容的重要交互方式，也是教师教学和学生学习的交流方式。

二、课堂互动的概念和分类

（一）课堂互动的概念

课堂互动是指课堂中各要素之间相互作用、相互影响的过程。国内学者钟启泉提出，"课堂"是学校教育教学活动的基本组织形式。学生在课堂中不仅要学习知识，而且还要通过认识他人来学习，通过反思来学习，在与他人的交往互动中学习。钟启泉认为课堂互动是指为实现教育教学的目标，调动参与教学过程中的各个要素，使其产生良性的交互作用。

（二）课堂互动的分类

师生互动、生生互动是课堂中最常见的两种互动形式。

1. 师生互动

（1）师生互动的概念

师生互动特指师生双方发生的一切交互作用和影响，它是师、生各自人际互动系统中的一种特殊且主要的形式。师生互动过程并非教师"为所欲为"的过程，而是师生双方相互界定、相互碰撞的过程；师生互动过程并非自始至终稳定不变的过程，而是师生双方之间不断理解对方所做反应并随时采取相应对策的过程。

师生互动这一行为主要体现的是"学生本位"的观念，这种观念要求我们打破传统的教师讲述、学生接受的课堂组织方法，把课堂交给学生，在教师把握主要节奏和方向的基础上，充分调动学生的积极性，构建一个自主、合作、探究的特色课堂。

作为课堂互动最基本的方式，师生互动的效率和质量不仅直接关系着课堂教学效果，关系着学生的终身成长，更关系着课程改革的落地生根。因此，对其是否有个清晰的认识不仅关系到课堂互动活动的设计、实施和评价的质量和效果，而且直接影响着整个课堂教学的成败。

（2）师生互动的类型

国外关于师生互动类型的研究中较具代表性的是利比特与怀特提出的分类方法。他们根据教师的领导方式，将师生互动分为教师命令式、师生协商式和师生互不干涉式，对应的师生关系分别是控制与服从、民主协商和关系疏远。林格伦根据互动效果把教学互动分为师生之间的单向互动、双向互动以及多向互动。

课堂教学离不开师生互动，国内学者吴康宁等将师生互动分为师个互动、师班互动以及师组互动；也有学者按照互动效果将师生互动分为形式互动、操作互动、理性互动。

随着信息技术的发展，各种多媒体设备也逐渐被运用在教学中，基于此，王陆根据在信息化环境下互动的媒介类型将互动分为文字互动、音频互动、视频互动等；国内学者陈丽提出远程的师生互动还包括师生之间的互动、学生与内容的互动、学生与所有教辅成员的互动。

2. 生生互动

（1）生生互动的概念

从深层次讲，生生互动是指学生与学生在课堂之中产生了交互，从而形成讨论或争论点，以固有思维或自我概念的方式来理解讨论或争论的内容，向其他参与互动的同学传递观点，形成有效沟通。学生之间的互动其实具有多样性，有的是语言互动，也有通过肢体、表情、语气等其他方式产生互动。生生之间的互动更加高效和容易理解，因为学生处于同一年龄层次、同一思维层面。

此外，生生互动还具有另一层意思，那便是学生与学生之间通过互动所产生的认同、了解和影响。目前关于生生互动的研究文献中对生生互动概念存在着两种界定：其一便是指学生与学生之间通过互动而产生的学习方式；另一种理解则是指由教师组织引导学生互动所形成的教学模式。

上述两种概念都有其独到的见解，且不矛盾，只不过是站在不同的角度进行阐述的。第一种是以学生视角去理解这一个互动方式，以学生作为带入基点；而第二种则是以教师的视角去理解这一互动方式。两者都是将生生互动教学模式中的学生作为课堂主体，对学生自主学习或在课堂中占据的地位进行充分的肯定，这也是与传统教学模式存在的最大区别。

（2）生生互动的作用

第一，转变传统课堂教学模式。长期以来，受儒家思想的影响，我国传统教学模式十分注重教师的权威性与个体目标的竞争性。但伴随着时代的进步与社会的变迁，教师的权威地位以及学生的竞争意识逐渐弱化，开始倾向于生生互动理念。

生生互动理念将教师从单纯和教育者转变为课堂活动的促进者、咨询者、组织者等多种角色，而学生则由单纯的倾听者转变为课堂活动的主力军。除师生角色的转变外，教师在课堂活动过程中也更加注重合作形式的变化、学科知识的拓展、班级学生的参与以及学习小组的整体评价，课堂氛围逐渐变得轻松有趣，学生的主动性、参与性、合作性也逐步体现出来。同时，教师与教师之间也会不断进行思维碰撞，进而促进教学创新活动的开展，形成更加适合学生发展的教学新思想与新方法。可见，生生互动理念能够顺应时代发展要求，转变教师的教学思想，创新课堂的教学模式。

第二，促进学生大脑高效活动。对个体来说，学习效率取决于大脑的工作效率。作为教育工作者来说，只有了解大脑的工作特点，才能根据大脑规律设计高效的课堂互动活动。科学家通过研究发现，大脑对信息的保持率可以分为三个阶段，即开始高效期、低沉期以及结尾高效期，其中开展生生互动活动的最佳时期为课堂开始20分钟后的低沉期。首先，与师生互动相比，生生互动活动可以为大脑提供更加安全、舒适的学习环境，进而使学生更易进行疑难问题的思考与解决；其次，大脑是高耗能器官，需要大量氧气供应，因而，在课堂中开展互动活动可以加快血液循环，获得足量氧气，重新唤醒学生的课堂注意力；最后，大脑对信息的编码与储存活动需要一定时间，因此，学生在学习完部分知识内容后，应通过合作互动活动实现对已学知识的意义建构，进而达到巩固与升华的教学目标。总之，生生互动理念能够遵循人体大脑的运行规律，促进学生学习效率的真正提高。

第三，提高学生的社会性能力。除实现学习目标外，生生互动理念的另一重要作用是发展学生的社会性能力（如合作意识、责任意识、人际交往能力、语言表达能力等），健全学生的合作型人格。社交技能并不是与生俱来的，教师在课堂中通过合作互动理念的渗透以及互动行为的指导，在一定程度上可以培养学生养成宽容大度、兼容并蓄的良好品质，进而为促进学生个体的社会化发展奠定良好基础。

第四，促进全体学生共同进步。生生互动理念注重学生的主体地位，强调逐渐把学习时间和空间留给学生，把学习过程还给学生。在互动任务的引导下，小组成员必须增强责任意识，通过自身努力与相互帮助，共同解决疑难问题。同时，生生互动活动的评价机制与小组的整体表现密切相关，因而，该活动对后进生的提升效果尤为明显。总而言之，课堂教学中的生生互动活动可以适当降低学生间的显著差异，促进全体学生的共同进步。

生生互动理念能够满足学生全面发展的需要，实现认知、技能以及情感方面的均衡发展。因此，教师应认真领悟生生互动理念，进而努力实现预期的课堂教学目标。

三、大学英语课堂互动策略

（一）师生互动策略

师生互动是课堂教学活动的重要组成部分，影响着课堂教学的最终效果。在英语课堂中，需要有效的师生互动来促进两者之间的情感交流，因此，有效的师生互动策略是英语课堂教学效果提升的关键。

1. 导入策略

（1）提高英语教师的素质，激发师生互动的意识

英语教师的素质对英语课堂的整体素质和效率会产生重大影响。同时，英语教师的素质决定着其掌握课堂的能力，对师生互动的实施效果具有决定性的影响。英语教师的素质具有很多意义，包括教师的动员能力、教学控制能力、英语专业水平、心理能力、教学创新能力等。这些能力都是英语教师素质的基础。

因此，为了加强英语课堂中师生之间的互动，必须保证英语教师的素质。作为一名英语教师，不仅需要具备专业的英语理论知识，而且还需要具备控制课堂、指导学生学习英语的能力。英语教师不仅要积极地利用课堂创设的活动引导学生进行课堂交流，而且还要有倡导课堂民主以及为学生创造大量互动机会的能力。英语教师的素质也是师生互动的强大条件。

（2）创设多样的引入方式，建立良好的互动氛围

上课前好的导入象征着课堂教学成功了一半，而引人入胜的介绍将为课程增光添彩。导入应该简短并且精炼，导入的目的是引导本课的教学内容并引起学生的兴趣。英语教师通常可以采用的导入策略包括：在上课前通过向学生提问旧的知识进行导入；通过给学生播放课堂主题相关的音频和视频进行导入；利用图片的形式进行导入；或者可以通过让学生猜测谜语之类的游戏刺激学生进一步交流的欲望，建立良好的互动氛围。

2. 目标策略

确立合理的教学目标可以提供更多互动的可能性。课堂的教学目标不但应该简单明了，而且应该准确无误。明确而简洁的教学目标能帮助英语教师带领学生准确而又快速地找准本课的教学目的，继而有条不紊地展开教学。与此同时，学生的知识水平和学术上的认知能力以及特点也应该被考虑在内。教学目标不仅可以帮助教师评估自己的课堂教学，而且也可以帮助学生反思自己的上课成果。新课程的三维目标包括知识目标、技能目标和情感目标。学习目标具有指导、控制、动机和评估的功能。传统的教学目标设置得比较宽泛，而现阶段教学模式下的目标应该具体而精确，学生的学习应该以目标为导向，即学生在课堂学习后能学到什么知识、达到什么标准。

3. 前测策略

灵活地选择前测的方法可以找准师生互动的方向。前测具有重要的意义和价值，对于英语教师而言，它是有效开展课堂教学活动的基础。前测可以帮助英语教师摸清学生的基础知识掌握情况、了解学生的学习能力以及学生的学习兴趣，这样可以让英语教师更有针对性地进行课堂教学准备、设计教学活动。如此便有利于教师增进教学内容的深度，让其适应学生的知识水平。对于学生而言，前测可以帮助他们复习所学的主要知识，为下一步的学习铺平道路，让学生尽快进入良好的学习准备中，调整好精神，专注于课堂的教学目标。前测的方式多种多样，教师可以采用提问并回答问题、访谈以及其他形式，并且前测的内容应根据学生的能力和教学的内容进行设置。

4. 活动组织策略

多姿多彩的师生互动活动是营造良好课堂气氛的关键，是提高学生课堂参与度的有效途径。因此，基于活动理论和二语习得理论提出的活动组织策略要求英语教师在协同设计师生互动活动时，要保证师生互动活动的多样化和有效性，以提高学生参与课堂教学活动的积极性与主动性，充分调动学生的多感官参与。多样且有效的师生互动活动有助于英语教师准确地了解学生对于知识、技能等的掌握情况，以便于教师及时调整教学节奏，更好地促进学生的发展和成长。

5. 参与式学习策略

（1）充分利用多种学习资源，丰富师生互动的内容

英语学习是一种语言学习，语言源于生活，所以语言学习必须与生活紧密结合。无生命的语言学习是英语教学无效教学的本质原因。所以，如今在新课标的倡导下，教师要重视学生生活世界的重建。在日常的教学中，教师要争取让课堂

中的教学"回归生活",并且让学生回归生活、回归幸福。

通过这样的方式,可以改变学生不想学习、学习动力不足的现状,除此之外,教师也要培养学生的创新意识、锻炼学生的实践能力。教师可以通过精心设计课堂教学,让学生喜欢上课,甚至喜欢参与课堂教学;让学生在学习中培养听、说、读、写、译技能;让学生在生活中运用听、说、读、写、译的能力;让学生不仅感受到学习英语的乐趣,也可以感受到运用英语的乐趣。

(2)巧妙设置疑问,营造良好的师生互动氛围

部分教师上课采用满堂灌的方式,虽然教师在前面不停地讲,但是学生只限于做听众,只能不停地写笔记,课堂教学缺乏学生的积极参与和反馈。由于时间有限,在课堂上,师生之间很少有互动,学生只能被动地接受知识,导致学生不知道所学知识有什么用,这种情况下,课堂气氛就很沉闷。所以,教师应该积极地创设活跃的氛围,比如教师可以通过一些反问以及讲故事的方式,在适当的时候插入一些悬念,让课堂的气氛变得活跃、轻松。在这样轻松的环境中,学生也会积极参与到课堂互动中。

(3)关注全体学生,实现师生互动的均衡性

"师者,所以传道授业解惑也。"自古以来,教师就承担着神圣的责任和使命,即肩负着教书育人的重要工作。然而,在新的时代,作为一名教师,不能仅简单地给学生传授知识,更应教给学生为人处世的哲理。当然,这就要求教师要关注到每一位学生,做到"一切为了学生的发展,一切为了每一位学生的发展"。因为每个人都是独特的、具有独立意义的生命个体,所以要尊重学生的差异和学生的个性,在此基础上对学生开展因材施教,关注到每一位学生,不放弃任何一个学生,帮助学生进步,让学生掌握各项学习和生活的技能并实现学生的理想。教师要认真地备课,精心地进行教学设计,争取每一堂课都优质高效。除此之外,教师要和学生进行和谐的对话,力争让每位学生都能在课堂上进行积极踊跃的互动,勇敢地说出自己的想法,放飞自己的心灵,让学生突破自我,为促进学生自由而又全面的发展而努力。

6. 后测策略

科学地选择后测方式可以评价师生互动的效果。测验是一种评估方法,或者说是一种检验的手段,测验的目的在于了解学生对本节课内容的掌握情况,以便于教师对自己的教学成果进行评价以及反思,这样有利于教师的专业成长。而且教师进行反思也可以促进下一次的教学设计,提高自己的教学质量。在教学实践中,教师可以根据课程内容的不同,使用不同的后期测试方法。

7. 总结策略

总结是一节课收尾的关键环节。课堂的总结不仅预示着本节课的教学结束,而且教师可以在总结中预告下一节课的学习内容,这样可以让学生提前做好准备。教师应该精心做好课堂总结,好的总结可以起到承上启下的作用。

教师在总结的过程中,不仅可以引导学生复习本节课的知识点,构建所学知识的框架,而且可以扩展以及延伸所学知识,让感兴趣的学生课后进行自主的探索或者学生之间开展讨论,扩展学习的资源,这样不仅有利于教师反思本节课的教学成果,也可以激发学生进一步探究的欲望。

总结是一堂课的点睛之笔,它可以帮助学生总结要点、阐明知识背景、培养兴趣和激发思维。教师也应给予学生积极的肯定和鼓励,因为一堂好课不仅在于教师的讲解,更在于学生的参与。

(二) 生生互动策略

独学而无友,则孤陋而寡闻。多姿多彩的生生互动活动不仅能够激发学生学习的积极性与主动性,而且能够培养学生的团队合作精神和友好竞争意识。因此,生生互动策略的提出为加强学生的课堂参与感和归属感、确保学生获得高质量的学习体验提供了支持和保障。

1. 合作竞争策略

丰富多彩、灵活有趣的生生互动活动是促进学生深度学习的有效方法,因此,基于活动理论和二语习得理论提出的合作竞争策略要求英语教师在协同设计生生互动活动时,要保证生生互动活动的有效性和可行性,以激发学生参与生生互动活动的热情。

多彩有趣的生生互动活动一方面为学生提供了更多的锻炼机会,提高了他们的积极性和主动性;另一方面为学生提供了更多的展示、合作机会,培养其协作意识和合作能力,从而使课堂教学不仅具备传授学生知识的作用,同时也具有培养满足社会需求的人才的功能。就大学英语课堂教学而言,英语教师可以设计的生生互动活动有同桌活动、小组讨论、角色扮演、展示互评、PK 竞赛等。

英语教师可以根据学生的学情差异、教学内容、教学目标等,灵活设计多样化的生生互动活动,但需注意,无论是哪种互动活动,英语教师都要提前制定好明确的活动规则,以保证生生互动活动的顺利开展。

2. 情感交流策略

为了加强学生之间的情感交流与言语互动,学校可以利用双休日或节假日组织学生进行交流与互动,这在一定程度上可以拉近学生之间的情感距离,使他们彼此更加熟悉与亲切,也有助于后续课堂教学的有效开展。

学生进行有效的交流与互动不仅能够促进彼此之间的情感交流,而且能够开拓视野、增长见识。但是,在组织学生进行交流与互动时需注意:交流互动不能流于形式,而是需要学校的领导、教研员、教师等对相应活动进行充分的考虑和周密的安排,每次活动都要有明确的目标、清晰的任务、详细的活动计划等,这样才能充分发挥交流活动的优势,促进学生之间的情感交流。

第三节 课堂学生参与

一、课堂学生参与的相关概念

(一) 学生参与的概念

学生参与又被称为学生的投入或者卷入,是"反映学生在与学业有关的活动中投入生理和心理能量的状态变量"。奥斯汀对学生参与做出了定义,他表示学生参与是指学生在课堂有效教学活动中投入学习的时间与精力的总和。

综上所述,结合已有的相关文献,学生参与是指在教师的引导和帮助下,学生积极主动参与到各种教学活动的外在行为表现及内隐的心理投入。

(二) 课堂参与度的概念

课堂参与度是指学生积极、主动参与教学过程的程度,具体分为学生整体参与程度和学生个体参与程度,其中学生参与人数、参与态度、参与方式、参与深度、参与效果等均为衡量课堂教学的指标。

综上所述,本书将课堂参与度这一概念界定为认知参与度、行为参与度、情感参与度。

(三) 课堂学生参与的概念

"课堂""学生""参与"这三个要素组成了"课堂学生参与"。课堂是学生学习的主要场所,学生是课堂参与的主体,参与是学生在课堂上的主要行为。我们可以将课堂学生参与定义为:学生将自己作为课堂的主人,在教师的引导下,投身于课堂学习,从行为、认知、情感上积极主动参加课堂活动,完成课堂任务的活动过程。

课堂学生参与度是评价课堂教学的一个重要指标,它体现在学生的内心感受及外在表现等方面。课堂学生参与度也是学生与课堂教学目标、课堂教学内容的关联程度,是判断学生参与课堂主体地位、发挥学生主体意识和学生主体作用的重要依据。

二、课堂学生参与存在的问题

课堂学生参与可以分为言语活动和非言语活动,其中言语活动又可分为课堂提问、回答问题、询问同学等;非言语活动则包括做笔记、听课、听他人回答、点头或摇头示意等。课堂学生参与存在的问题主要体现在以下两个方面。

(一)缺乏自信心

自信心强的学生能够尽力克服语言障碍,抓住机会,大胆参与课堂活动,语言水平也随之有较快的提升,自信心也会随着不断操练英语而增强,形成良性循环。但是,自信心缺乏的学生会觉得自己英语水平差而不积极参加课堂活动,错失英语操练的机会,语言能力提升较慢,学习的自信心也会受挫。

(二)缺少师生互动

师生间的互动是实现教与学有机结合的重要条件,是提高教学效率的重要手段。当今的大学课堂,不仅追求学生的到课率,更注重学生的"点头率"和"抬头率"。但仍有很多学生在课堂上选择保持沉默,不愿意与教师进行言语或者眼神交流。部分高校教师也存在授课点击鼠标播放幻灯片、讲解幻灯片的现象,忽视了和学生之间的互动。

三、提升大学英语课堂学生参与度的策略

(一)丰富教学组织形式

1.更新教学方式

(1)创设英语教学情境

设置英语情境有利于提高教学质量,有利于激发学生兴趣,有利于提高英语

教学的质量。英语情境可以吸引学生的无意注意，可以活跃课堂氛围，可以优化课堂教学模式。创设英语情境要求英语教师备好每一节英语课，了解教材。英语教师要想创设教学情境，具体应该做到以下几个方面。

首先，英语教师要创设生活化的英语教学情境，让学生练习英语口语。对学生而言，一方面，日常生活中的东西是他们所熟悉也易于接受的，另一方面，贴近生活的内容可以引起他们的兴趣。因而，英语教师要创设贴近教材又符合日常生活的情境，让学生在情境中听、说、读，练习英语口语。

其次，英语教师要在课下了解学生喜欢的电影和动漫，与时俱进，创设学生比较喜欢的英语情境，吸引学生的注意。英语教师也可收集与下节课有关的资料，以小视频或者PPT绘声绘色地展示给学生。另外，英语教师还可以把一些有关英语教学内容的动漫、电影和歌曲引进英语课堂，让学生快乐地参与英语教学活动。

最后，在课堂导入上设置悬念，唤起学生参与英语课堂活动的兴趣。为了吸引关注，英语教师可以适当地提出有悬念的小问题，抓住学生的注意，唤起学生对英语知识的求知欲，进而使学生更愿意参与到英语课堂中，从而体验参与英语课堂的乐趣。

（2）推广游戏教学

在英语课堂中增加游戏，有利于提高学生的实践动手能力，有利于提高学生自主学习的能力，有利于增添英语学习的情趣，使学生积极主动地参与英语课堂。在英语课堂中英语教师应该加入一些游戏，如拍手停、传递单词和听单词做动作等游戏。游戏教学可以促进学生的想象力和创造力，英语教师应该在课堂中多加些游戏，丰富英语课堂活动。

英语教师在设计游戏时应该根据学生的心理特点创设独特的小游戏，创设的游戏要多种多样、定期更换。如果英语教师长时间用一种游戏，学生就会对这个游戏失去兴趣。据了解，在英语课堂的大小声游戏中，有的学生读单词时玩弄着手上的铅笔，有的学生眼睛望着天花板大声地读，有的学生则一直默读，由此可以看出学生在该游戏的执行中完全没有了积极性。因而，英语教师在创设英语小游戏的过程中，应该及时地了解学生喜欢哪些新游戏，已经对哪些游戏丧失了兴趣。

此外，教师也可以通过网络收集游戏素材，以便及时更新英语课堂小游戏。教师还应该注意小游戏涉及的单词应该尽量和教学目标与内容相契合，以便学生能更好地掌握英语知识。例如，在英语教学实践中，可以开展"欢乐传递"的游戏，先给学生一个句型模式，然后让学生造句。推广游戏教学有利于活跃课堂气氛，调动学生学习英语的积极性，提高学生参与英语课堂的频率，以便更好地实现学生的主体地位。

2. 增加实践活动

在传统的教学模式下，学生往往被动地接受教师所讲授的知识，通常情况下学生的参与都是被老师牵着走，学生丝毫没有主动性。新课改要求课堂以学生为主体，着眼于全体学生的全面发展，而学生的被动参与却极大地制约了其发展。

随着改革逐渐发展，"课堂参与"成了热点话题，学生成了课堂上的主角。学生主体性的发挥有利于学生发展德育，有利于提高学生的学习能力。学生全身心地参与课堂是一堂好课的关键，学生参与课堂有利于课堂教学顺利进行，有利于更好地发展学生的学习能力，有利于实现学生的主体地位。

为了让学生更好地发挥主观能动性，英语教师要注意营造一种民主平等的课堂氛围，教师要与学生共情，用情感染学生。英语教师也要鼓励学生参与实践活动，鼓励学生多展示自己、表达真实的想法。英语教师也可在了解不同学生的个性之后，根据学生不同的特点采取不同的教学方式，让每位学生都能发挥想象力，在实践活动中巩固自己所学的英语知识。

此外，在实践活动中教师也要帮助学生运用恰当的操作方法，让学生认识到动手能力在学习中的重要性。英语教师要想使学生成为课堂的小主人，就必须了解学生，知道每位学生的个性特征，设计出符合学生特点的活动并构建出学生自己的认知结构，使学生更好地融入课堂。

增加丰富多彩的英语实践活动有利于丰富英语教学活动，有利于更好地吸引学生的注意力，有利于增加学生对英语的兴趣，有利于提高学生参与英语课的意愿，让学生更乐于参与英语课堂。

(二)培养学生的主动参与意识

1. 激发参与意识

教师应该树立以生为本的观念，因为教学活动的主体是学生。投入学习理论认为只有认知、情感和行为这三个方面都充分参与才是真正参与到活动当中。因此，教师应注意对学生参与意识的培养。英语交际能力的获得更多的是通过实践，课堂是进行实践的最理想的场所，所有的课堂活动都应该被充分利用。

每个学生都是独特的个体，教师应当注意因材施教，要结合学生的特点具体问题具体分析。例如，在提问时，要分层次设计课堂问题：对于学习成绩好的学生，要设计一些比较具有挑战性的问题；对于学习成绩中等的学生，设计的问题要中规中矩；对于学习成绩差的学生，设计的问题要稍微简单一点。这样大部分学生都可以完成回答任务，不仅有利于学生参与度的提高，而且有利于学生自信心的提升。

2. 培养学生参与的习惯

根据认知心理学的理论，学生在学习过程伴随着情绪感受。如果在学习过程中获得积极向上的情绪体验会使学生对教学活动感兴趣，参与其中的积极性更高。积极的情绪感受对英语语言学习起着很大的作用，因而在英语课堂教学中，教师可以通过一定的情感交流让学生养成主动学习的习惯，让学生主动积极地进行学习。

学生一旦养成课堂参与的习惯，便会自然而然地参与到课堂教学当中。习惯的养成是一个长期的、潜移默化的过程。结合英语课堂的特点，通过每日小活动的设计，培养学生参与课堂教学的习惯。

3. 营造课堂参与氛围

人本主义重视环境对人的影响，创建良好的学习环境具有重要作用。语言学习的环境会影响到学生的课堂参与积极性。在英语课堂教学中，以教学的目标和教学的内容为基础，根据学习者的学习特点和情况创设适合的英语教学环境。

（三）创建和谐的师生关系

良好的师生关系有利于培养学生参与课堂的意愿。因此教师要与学生进行交流，转变角色，创设融洽的相处环境。在教学过程中，教师要关心学生，积极聆听学生的意见和想法，以一种积极乐观的精神投入工作，努力营造愉悦的课堂气氛，让学生在课堂中获得愉快的体验。在课堂外，教师要注意沟通的态度和方法，以平等的角色与学生进行交流。教师与学生的交流可以为学生提供心理和情感上的指导，让学生有明确的方向和积极向上的态度。此外，教师要对学生有全面的了解，善于发现学生不愿意参与课堂的深层次原因，并相信学生的潜能，给予学生充分的支持和帮助。

（四）打造高阶思维课堂

高阶思维课堂重在培养学生英语方面的高阶思维能力。这要求英语教学内容的设计首先要结合学生的特点。当今学生性格活泼，喜欢追求事物的新鲜感，教师在设计教学内容时，应多使用多媒体等辅助教学手段，并且要经常关注网络实时热点，将网络新潮观点与教学内容相结合。通过这种方式可以增加学生对于学习的乐趣，调动他们课堂参与的积极性。

其次，英语教学内容的设计要结合生活实际。杨眉认为，英语课程应该坚持实际、实践和实用原则。英语课堂的教学目标是培养学生的英语交际能力，帮助他们顺利实现就业。教师可以根据教学内容主题，结合英语教学的特点，创设结合生活实际、易操作的模拟情境活动。通过模拟活动的练习，不仅可以让学生了解到未来就业的需求，还可以提升学生的课堂参与度。

第四节　课堂合作学习

一、合作学习的相关理论

（一）合作学习的概念

语言学习中，最为有效的一种方式就是合作学习。20世纪六七十年代，合作学习开始出现并逐渐地被应用在教学过程中。合作学习作为一种相对科学的学习方法，在教育领域得到了普遍的肯定和认可。

在教学课堂的实践中合理开展合作学习可以有效地改善目前的教学现状，从而推动教学质量的不断提高。因此，在当前英语教学课程改革的背景下，英语教师可以尝试将合作学习的教学方法融入教学实践，以合作学习辅助英语教学活动的开展，推动大学英语教学质量的逐步提升。

合作学习是在组织开展教学的过程当中通过设立小组的方式为学生创造更好的学习条件，然后小组内共同进行学习，以实现最大化的学习效果。

李建萍研究提出，不管是对学生移情能力的培养，还是对学生适应能力的培养，合作学习效果巨大。

合作学习有助于提高异质小组之间的相互合作与帮助，进而实现共同目标。

由于不同的学者对合作学习的定义有不同的见解，因此，对合作学习的定义目前还存在较大的争议。综上所述并结合实际情况，本书将合作学习界定为水平相近的学习者，在同一任务的导向下，彼此互相配合和协作，以达到共同的学习目标。

（二）合作学习的构成要素

教师在进行合作学习的时候要注意到构成合作学习的基本要素，国内外众多学者对合作学习的构成要素进行了剖析，这里主要选取我国学者曾琦整合出的合作学习构成要素进行具体阐述。

1. 正相互依赖

所谓正相互依赖，就是指小组成员要清晰认识到自己与其他成员是相互关联并积极依存的。在小组学习中，小组成员必须要意识到成员之间关系的紧密性。

2. 个人责任

每个人在组内合作中都要承担自己在小组中相对应的任务，因此，每个成员要认清自己的地位并且承担相应的责任，将小组任务落实到每一个成员身上，否则将会出现逃避责任的情况。

3. 社交技能

学生在合作学习中一定会与组内成员交流，因此，在合作学习的过程中，教师要让学生认识到社交的重要性并学会使用该技能，从而保证在课堂中使用合作学习的有效性。

4. 小组自评

合作学习离不开每个小组对自身的评估。因此，每个小组都需要对自己进行定期评价来发现小组合作中存在的问题，找到小组协作的亮点，最后将其汇总使小组合作更加有成效。

5. 混合编组

学生是有个性差异的。因此，教师在对学生进行分组时要参照学生的学习能力、性别、兴趣爱好等，充分保证每个小组内的成员具有多样性，以此更好地发挥每个成员在小组中的作用。

（三）合作学习的重要意义

合作学习的理念对课堂实践的实质性进展具有决定性意义。我们总结分析合作学习的基本实施理念，可以发现合作学习在课堂教学中具有重要意义，具体来讲，表现在以下几个方面。

1. 有助于发挥学生的主体性

学生在课堂中的主体性表现为学生学习的自主性、学习的主动性和学习的创造性。

首先，合作学习能够让学生在小组中充分发挥自己的才能，为实现小组的目标奉献一份力量，充分调动学生学习的自主性。

其次，合作学习目标的设置具有激励性，能够在合作学习中调动学生配合小组其他成员开展活动的主动性，使得学生在完成合作任务后获得成就感，提高学生在课堂中的情感参与。

最后，合作学习的课堂中，各小组成员可以在独立思考问题后，在小组讨论环节中提出自己的看法；同时在课堂教学中，学生可以通过实践发现容易发生的问题并提出修改意见，进一步提高创造力。

2. 有助于学生掌握深层次学习策略

合作学习倡导合作练习，在课堂中主张学生合作检查练习完成情况，这不仅有利于学生掌握相关知识点，而且还有利于在团结互助的氛围中加强学生对知识的理解。同时在小组讨论环节中，各个组员在倾听小组成员的新观点的时候也学习了新的学习方法。

总而言之，合作学习对提高学生的认知发展具有很大的作用，在小组内的交流、思想碰撞能够进一步促进学生的认知发展，让学生逐步掌握深层次学习策略。

（四）合作学习的主要方法

合作学习以选定的学习内容和具体任务为基础，明确小组内部人员，合理制订相应的学习计划，同时针对不同部门开展合理细分，实现其自身的集体效用全面、合理的体现。合作学习开展期间，小组游戏竞赛法、小组成绩分工法、共学式合作学习法、切块拼接法、小组调查法等均有着较为普遍的使用。

1. 小组游戏竞赛法

小组游戏竞赛法是一种结合了教师讲课和小组活动的教学方法，但它通过竞赛的有效开展取代了传统的竞争检验形式。这里的竞赛意味着同一小组的成员一起合作，与其他学习小组进行良好的竞争以赢得小组的分数。小组比赛是合作学习中最早提倡的教学方法。

2. 小组成绩分工法

小组成绩分工法是指根据小组成员的语言水平和性别异质性将学生分为不同的学习小组，首先由一位教师讲课，然后由学生在学习小组中开展学习，最后所有学生参加统一考试，并且在考试期间不再互相帮助。通过与以前的考试成绩相比，教师对学生在小组学习过程中出现的问题有更清楚的了解，然后针对相关问题开展评论，提供必要的学习指导和有效反馈，并奖励学习小组出现的进步，实现对相关人员学习热情的合理激发。小组成绩分工法通常用于词汇以及写作教学工作的开展。

3. 共学式合作学习法

学者约翰逊兄弟是共学式合作学习法的创始人员。该学习方法是指在异质小组之中，通过4至5位工作人员开展学习作业单的合理制定，教师以小组内部整体成绩为基础，针对学生自身学习成效开展判别与奖励、惩处。此种学习方法在不同年龄、不同学科的人群之中均有着较为普遍的使用。

4. 切块拼接法

在切块拼接法使用期间，教师可以对学生开展合理有效的划分，将其分为人数在5至6人之间的学习小组，学生肩负小组内部成员以及专家组成员两种角色身份。学习小组首先将研究任务分为几部分；专家小组的成员讨论研究任务，然后返回学习小组，向小组成员进行解释和说明。学习小组成员和专家小组成员共同完成相应的学习任务。切块拼接法可以激励所有小组成员积极参与学习过程，并根据他们的能力为师生自身差异化教育工作的开展打下基础。

5. 小组调查法

以色列学者沙伦夫妇首次提出了小组调查法，其本质是课堂内部教学组织计划的一种，其对于单一话题开展了有效细分，随后不同小组针对细分之后的话题开展了相应的分析、研究，最后小组成员以报告形式面向全班展示研究成果。

在英语教学中，我们应该根据实际情况，灵活地采用或合并几种方法，实现最佳的训练效果。

二、大学英语课堂合作学习策略

（一）注重任务设置和成果展示

任务要具有启发性和合作性，要能够调动学生的学习积极性。设计出满足学习需求的教学目标和学习内容，是保证英语学习实效的关键所在。现阶段，如何设置精彩的任务、保证学生对任务持续的关注、紧跟课堂节奏开展合作学习，是对教师教学基本功和授课经验的挑战。

设置任务时，教师应当围绕教学目标以及重难点设置一个总体任务，并将这个任务细化为若干个子任务。子任务的设置应有一定的覆盖面，除了包括课内知识，还应对课本知识进行适当扩展和延伸。

（二）建立多元化评价体系

在大学英语课堂的合作学习评价中，应当注重形成性评价和终结性评价相结合。形成性评价强调对学生的学习过程进行评价，包括学业、能力、情感、态度和学习策略等方面；终结性评价则反映学生在某一阶段的部分学业成绩。两种评价方式的结合能客观而全面地对合作学习进行评估。评价主体除了教师，还包括学习小组和个人。在英语教学实践中，应积极建立自我评价、同伴评价、组际评价和教师评价相结合的多元化评价体系。

  自我评价是学生对自我在合作过程中的表现进行评价，学会自我评价即学会为自己的学习和小组合作负责；同伴评价是同组的成员对其他成员的语言能力、技巧、进步等方面做出的评价；组际评价则是各个小组对其他小组进行的评价，既向教师提供了评价信息，也看到了其他小组的优点和问题。

  多元化评价体系帮助学生从被动接受评价转变为评价的主体和参与者，及时发现合作学习过程中存在的不足并改进，激发学生参与合作学习的热情，增强班级凝聚力。

第四章 大学英语课堂教学模式

大学英语教学模式改革要摒弃传统的教育思维,直面改革的阻碍因素,真正深入落实"以学习者为中心"的教学理念,打造学生喜爱、终身受益的高质量大学英语课堂。本章分为教学模式改革、混合式教学模式、多元互动教学模式、多模态教学模式四部分。

第一节 教学模式改革

一、教学模式的概念

教学模式又称"学习模式",是连接教育理论与教育实践的媒介,国内外学者对它的理解各有不同。最早将"模式"一词引入教学领域,并加以系统研究的是美国学者乔伊斯和韦尔,他们认为,"教学模式是一种可以用来设置课程(诸学科的长期教程)、设计教学材料、指导课堂或者其他场所的教学计划或类型"。

我国学术界对教学模式概念有三种比较有代表性的看法。第一种是"方法说"。叶澜强调"教学模式俗称大方法,不仅是一种教学手段,而且是从教学原理、教学内容、教学目标和任务、教学过程直至教学组织形式的整体、系统的操作样式"。第二种是"结构说"。吴也显认为"教学模式是在一定教学思想或理论指导下建立起来的各种类型教学活动的基本结构或框架"。第三种是"理论说"。支持该说法的学者认为"教育模式是在一定教育理念支配下,对在教育实践中逐步形成的、相对稳定的、较系统而具有典型意义的教育体验,加以一定的抽象化、结构化的把握所形成的特殊理论模式"。

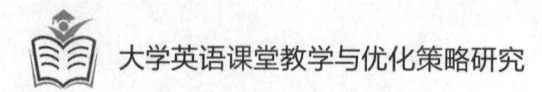

综合各学者的见解，教学模式就是在教学理论的指导下，为了实现教学目标，在教学过程中所采用的相对稳定的教学范式。教学模式可以引领我们从整体上认识和探讨教学过程中各要素的相互作用，以动态的观点把握教学过程的本质和规律，帮助教师形成自己的教学风格，充分发挥课前、课中、课后教学过程的优化作用，达到最好的教学效果，完成教学目标。

二、教学模式的特性

（一）结构性

支持结构说的研究者认为，教学模式是教学结构的一种表达形式。结构是反映客观事物各个要素之间的组织规律和形式。从广义的角度看，教学模式的结构性主要是指教材、教师、学生几个基本要素的组合方式及相互关系；从狭义的角度看，任何一种教学模式都是为实现特定的教学目标而设计的，每种教学模式都有其应用范围，需要合适的外部条件才能运用。可什么是一个好的教学模式呢？评价一个教学模式的好坏关键是看在一定的情况下，是否达到了特定的教学目标。在实际教学中应该注意教学模式的适应性和指向性，选择教学模式时应考虑课程的特性，并据此选择特点和性能都合适的教学模式。

（二）操作性

教学模式的操作性是指教学模式不应只停留在理论层面上，而应该具体化，可以直接用于操作。它是提炼教学理论或活动方式中最关键的步骤。它用简明的方式进行表达，提供一个非常具体的教学行为框架，并对教育工作者的行为做出具体的规定，让教师在授课时有章可循、有规可依，方便教师理解、把握并运用。

（三）完整性

教学模式的完整性是指把教学理论构想与教学实际相结合，达到统一，因而它具备一套完整的结构和一系列的运行要求，在理论上能自圆其说，在过程上有始有终。

（四）稳定性

教学模式的稳定性是指它是大量教学实践活动的总结和理论概括，在某种意义上揭示了教学活动中具有的普遍规律。通常来讲，教学模式所提供的程序对各个科目的教学具有普遍的参考作用，一般不涉及具体的学科内容，具有相对的稳定性。教学模式是基于一定的教学理论提出的，教学模式往往与一定历史时期的社会政治、经济、文化、科学、教育的水平相联系，受制于当时的教育方针和教育目标。因此，这种稳定性是相对的。

（五）灵活性

教学模式的灵活性是指用于针对某些特定的教学内容，必须贯彻某些理论或思想；在运用教学模式的过程中要考虑课程的特殊性、当前的教学条件和师生的具体情况，从而在微观上对教学方法进行适当的调整，体现对学科特点的自适应性。

三、教学模式改革面临的问题

近年来，在我国高等教育体制改革的总体思想指导下，在教学模式改革方面涌现出了一批创新实践，如翻转课堂、MOOC/SPOC、线上线下混合式教学、讨论式教学等模式。然而，在实际教学环境中运用这些新型的教学模式时，却往往是"教师费心费力，学生云里雾里"。比如在 MOOC/SPOC 模式中，教师尽心尽力，但学生的学习效果依然不够理想；在讨论式教学模式中，学生由于准备程度不足，参与讨论的积极性不高，教师难以调动并引导学生进行深入的讨论；在翻转课堂模式中，学生由于学习力不佳，难以达到教师预设的教学目标；在线上线下混合式教学模式中，由于线上和线下衔接得不是很好，不仅没有达到提升学生学习效果的目的，反而增加了学生的学习负担……总之，从教学目标的达成度上看，现有的不同教学模式都或多或少地存在一些问题或局限性，没有达到教学模式改革的预期目标。

第二节 混合式教学模式

一、混合式教学模式概述

（一）混合式教学模式简介

1. 混合式教学的相关概念

（1）混合式教学

混合式教学中"混合"一词的含义，可分为"广义"和"狭义"两种。"广义"的混合指从教学模式、教学策略、教学组织形式等方面进行的混合，而"狭义"的混合特指"线上+线下"教学的混合。"混合"不是简单地机械附加，而是在理论指导下，实现教学目标、方式、活动以及评价间的连通，把握好各元素的连通关系，继而促成有机深度的融合。

本书研究的正是"狭义"的"线上+线下"教学的混合，线上教学是指"通过互联网平台进行讲授的教学"，线下教学是指"传统面授课堂教学"。"线上+线下"教学模式即结合线下课堂面授教学+线上网络教学，将传统教学方式、e-learning（网络学习）两者间的优势进行融合，将互联网实时共享、交互连接、无限传播等特性，与传统课堂的面对面指导、师生面对面反馈等优势相结合，通过两种教学组织形式的有机结合，促进教育信息化，改变学习者的学习习惯，增加学习的广度和深度，使之达到更理想的教学效果。

（2）MOOC

MOOC（Massive Open Online Course）即大型的开放式的线上课堂。"M"代表Massive（大规模），指课程在线学习者的人数庞大。"O"代表Open（开放），学习者只要有学习需求，均可无条件、不限制地加入，不分地区国家、对所有人都是开放的；"O"代表Online（在线）、"C"代表Course（课程）。学习者在网上完成碎片化知识点的学习，不受时空、时间限制，随时打开网络即可线上学习，并且课程可以重复利用，不再需要教师重复授课。

2. 混合式教学的理论基础

（1）建构主义学习理论

建构主义学习理论作为混合式学习的理论之一，是影响混合式教学的主要理论。建构主义学习理论认为，学习并不是教师简单地、直接地灌输知识给学习者，使之接受的过程，而是教师在学习者已掌握旧知识的前提下加以指导，使学习者在对已获知识的理解和思考下建构出新知识的过程。心理学家皮亚杰最早提出建构主义学习理论。他认为，"在学习过程中，知识的形成不是大脑简单地接受外部知识，而是通过学习把新知识与原有知识进行结合，并运用到新的环境中"。在建构主义学习理论中，混合式教学模式具体有三个表现：学习观、知识观以及教学观。

混合式教学将传统面授教学（课堂教学）与在线教学（网络教学）结合，使学习者的学习态度由被动转变为主动。

（2）人本主义学习理论

20世纪兴起于美国的人本主义学习理论，其主要代表人物是罗杰斯和马斯洛。罗杰斯将心理学中的治疗手段应用到教育领域，提出了统一的教学目标观、学习者有意义且自由的学习观、以学生为中心的教学观。

人本主义学习理论看重的是教学的过程和方法，而非教学的内容和成果。该理论认为应尊重学习者的发展，教师不用教学习者知识，也不用教学习者如何学习，只需为学习者提供学习资源、学习氛围，让学习者自主决定怎样学习。

人本主义学习理论强调"以学习者为中心"，混合式教学与之不谋而合，同样意在使学习者完成自我学习、自我评价。混合式教学的线上部分利用网络高传输、高效率的优点，以及不受地域、空间、时间限制的特点，实现学习者线上自主学习的全过程。

（3）自主学习理论

自主学习是学生通过独立主动地分析、探索、实践等方法获取知识的学习方式。自主学习更加强调学生的主动参与及学习动机，体现了对发挥学生主体性的重视，区别于传统的被动接受学习。

自主学习是当前教育心理学研究的重要内容，国内外各领域专家学者对自主学习展开了研究，并提出了各自见解，但对于自主学习的定义尚未统一。亨利·霍尔克认为自主学习就是学习者能在学习活动中自主管理学习目标、内容进度、方法技巧，且能自主监控学习过程、评估学习效果等。庞维国认为横向来看，自主学习在学习动机的驱动、内容的选择、策略的调节、时间管理、效果评价等方面都要体现学生的自主性；而纵向来看，自主学习就是在学习活动前、学习过程中、学习结束后三个阶段体现学生的自主性。学习活动前包括目标的确定、学习内容的选择、计划的制定，学习过程中包含学习进度的调节、学习方法的调整，学习活动结束后进行总结、反思、评价与改进等，以上方面都需要学生主动进行设计和实施。

当前我们提倡培养学生的自主学习能力并非完全否定传统的接受式学习，而是要在教学中改变一味地采取接受式学习的现状。就是要使学生能够在教师指导下主动地对学习各阶段的任务进行自我规划管理，并自觉完成学习任务，这也强调学生强烈的学习动机和浓厚的学习兴趣，要求学生拥有自我选择的空间。当前教学中要求培养学生自主学习的能力，以便对传统学习模式进行完善，获得更好的教学效果，而混合式教学为学生的自主学习提供了选择的空间，尤其是提供了优质的线上教学资源，有助于学生结合自身实际自主选择学习内容，调整学习计划，同时线上提供的丰富的资源能够满足不同学生兴趣发展的需要，促进学生个性的充分发展。

（4）关联主义理论

西蒙斯曾在《关联主义理论：数字时代的学习理论》中提出了"关联主义理论"。他认为，关联主义理论对混合式教学有指导作用，主要体现在以下两个方面。

①学生与知识（信息）之间相关联。知识是个看似零散却能够相互关联起来的网络，是一个整体。在关联主义理论的指导下，混合式教学模式将学生与知识信息关联起来。学习者在获取应吸收的知识的基础上，将信息与信息之间进行关联。新的内容不断与学生头脑中已有的知识进行关联，进而产生新的意义。而每一次新意义产生的过程都是学习者知识网络不断扩大的过程。

②教师与学生紧密相连。传统课堂将师生固定在课堂，而线上教学囿于时空限制，师生只能在网络教室沟通，教学效果很难实现。关联主义指导下的混合式教学模式，将线上教学与传统课堂有机结合。

（5）多元智能理论

美国的心理学家霍华德·加德纳是多元智能理论的奠基人。该理论强调"我们人的智能是多元的，每个人都存有语言、音乐、思维、运动、空间、人与人关联、自我认知、认识自然这八项智能，不同的人均由不同的智能组合而成"。多元智能理论的内涵也和现在倡导实施的素质教育密不可分，该理论提倡积极、平等的学习者观，认为学校不存在差生，学习者都有多面性；提倡注重学习者的个性发展，因材施教，而混合式教学通过线上线下教学相结合，使学生能够根据已学知识情况选择结束学习或继续学习，满足自身差异性和个性化。

第四章 大学英语课堂教学模式

（6）信息加工理论

加涅结合行为主义学习观与认知主义学习观二者的合理观点，在现代信息加工理论的支持下，建立了当前非常具有代表性的学习理论——信息加工学习理论。加涅提出主体对来自环境刺激的信息进行的认知加工即学习，将瞬时记忆转化为短时记忆，再通过编码等过程转化为长时记忆。他将学习分为八个阶段，在学习阶段，教师要注意激发学生的学习动机，帮助他们形成学习期望；有了学习动机之后，学生就进入了领会阶段，教师可以采取各种手段引起学生注意，帮助学生对刺激的特征做出选择性知觉；在习得阶段，通过两步编码过程，先将刺激存储在短时记忆，再进一步获得长时记忆，之后教师可以帮助学生将刺激组织起来或将刺激简化为基本原理，便于保持；在保持阶段，进入长时记忆的信息能够长久保存，但教师要注意对相似信息进行区分或分开呈现，避免相似的刺激对记忆存储形成干扰；学生回忆阶段，学生习得的知识要通过提取来呈现，这一过程最易受外部刺激干扰，因而教师要指导学生通过外部线索刺激提取信息，并学会为自己提供线索；在概括阶段，学生要经过锻炼将所学知识灵活运用，所以教师不但要为学生提供在不同情境中提取信息、运用知识的机会，而且要帮助他们理解迁移的原理和规则；作业阶段，学生是否掌握了所学知识需要通过作业进行检测反馈，这一方面能够帮助教师了解学情，另一方面也能够帮助学生自身了解自己的学习结果，调整自己的学习，但切忌只通过一次作业进行判断；反馈阶段既包括教师通过语言、动作等方式向学生提供反馈，强化其学习动机，也包括学生结合已有知识自我反馈。

根据加涅的信息加工理论，教师在教学时一定要注意吸引学生注意，让学生带着问题去学习，调动其学习的主动性；教学重点要突出，帮助学生对信息进行选择编码；及时复述，帮助学生增强记忆的保持；为学生提供更多运用已有知识解决问题的机会，锻炼他们信息迁移的能力。

3. 混合式教学模型的建构

混合式教学将每个步骤彼此连接，形成了一个闭环教学模型，其中每个环节都不得单独存在，同时每个环节又是整个模型中不可或缺的一部分。因此要想完整地实现混合式教学模式、建立完整的模式形态，必须把握好每一个环节的主要功能，掌握好其各自的作用。

混合式教学模型是基于互联网平台而成立的，信息技术为其提供了活动平台，同时也保证了每个环节能够随时随地相互连接。

从图 4-1 可以看出,"准备、面授、网络互评和总结"四个阶段为混合式教学的主要模块,并且基于互联网平台提供的技术支持,形成了密不可分的闭环生态系统。

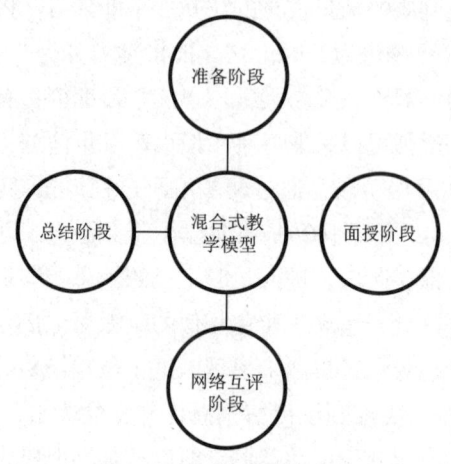

图 4-1　混合式教学模块

从图 4-2 可以看出,在闭环状态中存在终结性评价、1 对 1 评价、多对多评价以及形成性评价,这四种评价方式相互结合,并以多样化的形式贯穿在混合式教学模式的最终形态中,真正做到随时随地处处评价。

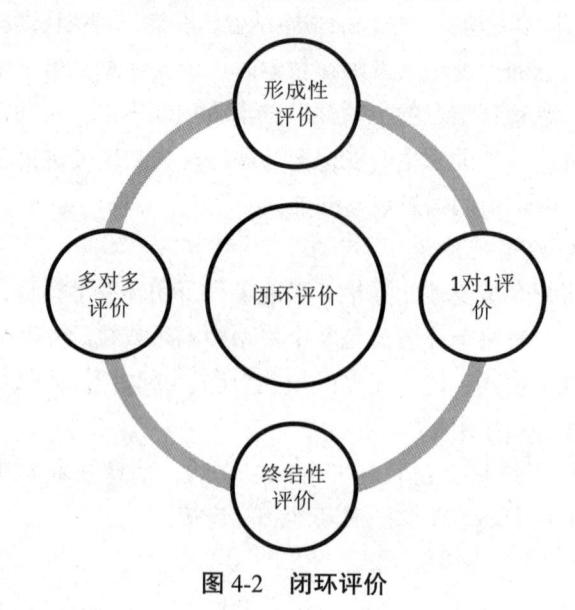

图 4-2　闭环评价

(二) 混合式教学模式的发展阶段

尽管当前人们对"互联网+"背景下混合式教学概念的认知是比较清晰的，即"基于移动通信设备、网络学习环境与课堂讨论相结合的教学情境"，但在最初，人们对混合式教学的理解并不清晰。混合式教学的发展大致经过了以下三个阶段。

1. 初始阶段：以信息技术的应用为核心

从 2000 年开始，混合式教学这一概念引起了国内外教育家和实践者的广泛关注。这一阶段的关注重点是新兴信息技术在教育领域的应用。例如，美国斯隆联盟开始尝试对混合式教学进行界定，认为"混合式教学是面对面教学与在线教学的结合。它糅合了两种历史上各自独立的教学模式：传统的面对面教学与在线教学，即在教学内容上结合了一定比例的在线教学及面对面教学"。此阶段的混合式教学并没有关注课程实施过程中的教学方法及教学策略，而是认为混合式教学就是将纯面授教学和纯在线教学进行简单的叠加，且强调的是信息技术在教与学中的作用。

2. 发展阶段：以课程"再设计"和"交互性"为核心

2007 年以后，美国斯隆联盟对混合式教学的概念进行了补充和发展，其核心内容是对混合式教学中在线教学和面授教学的比例进行了规定，明确只有"30%～79%的教学内容采用了在线教学"，才能被称为混合式教学。这一阶段的混合式教学主要关注混合式教学环境下的教学"再设计"，如教学策略、教学方法等，且"交互性"成为这一阶段混合式教学研究的高频词汇。例如，叶荣荣等对混合式教学中活动导向的多种教学模式进行了研究，探讨了活动导向的教学设计模式、活动设计的组成要素和一般原则，以及教学实施的流程，并给出了序列化学习活动的教学案例；金一等对基于混合式学习的分层教学模式进行了研究，提出了混合式学习理论下的分层教学设计思路，并给出了相关课程的设计实例；白文倩等提出了一种基于资源的混合式教学设计模式，并基于此对"多媒体教学设备使用和维护"这一主题进行了教学设计，同时对其应用效果也展开了研究。这些研究都十分关注混合式教学中教师与教师、教师与学生、学生与学生、学生与资源之间的互动。

3. 成熟阶段：以学生学习体验为核心

2013 年以来，混合式教学迎来了新的发展阶段。在"互联网+"背景下，混合式教学的概念有了新的发展，移动技术被引入概念范围，促使混合式教学变为"基于移动通信设备、网络学习环境与课堂讨论相结合的教学情境"。这一阶段的混合式教学关注的重点从教学"再设计"转到了学生学习体验上，即强调"以学生为中心"的理念。例如，王帅国探讨了移动互联网与大数据背景下的智慧教学工具——雨课堂在混合式教学中的应用，强调在此模式下的混合式教学"在很大程度上'以学生为中心'，有助于实现价值塑造、能力培养、知识传授'三位一体'的教育"；赵国栋以北京大学教学网为例，对混合式教学的学生满意度及影响因素进行了研究。

概括来说，混合式教学的发展经历了三个阶段，其关注点从信息技术的应用转到了学生的学习体验及师生共同进步上。

（三）混合式教学模式的特征与优势

1. 混合式教学模式的特征

（1）综合性

从本质上来看，混合式教学是传统课堂教学模式与在线学习模式的耦合产物，综合性较强，主要表现为教学理念综合与教学要素综合。混合式教学是掌握学习理论、建构主义理论等诸多理论的融合产物。每种学习理论都有其独特的优势，存在不可忽视的时代局限性。现阶段教学背景下，混合式教学必须以多种教育理论的综合为支持。就教学要素而言，混合式教学实现了学习环境、学习资源、学习方式、课堂评价等多种要素融合，这也就决定了混合式教学的冗杂性。

（2）实践性

与说教式传统课堂相比，混合式教学模式更注重学生的主观能动性，可有效培养学生解决问题的能力。从教学模式看，混合式教学模式所创设的学习环境大都与学生当前的发展认知相符且趣味性较强，在教师引导下，学生可以通过查阅资料、探讨学习等方式提升自身的综合能力，在互动讨论中解决问题。从教学内容呈现方式看，混合式教学除了传统课堂的板书外，还包括吸引学生的视频、图片等，可引导学生发现知识与生活之间的关联，为后续解决问题提供保障。

（3）互动性

混合式教学模式是以学生在学习过程中遇到的问题为导向，以课堂目标为基础，以解决学生学习问题为着重点开展的课堂教学。在教学过程中，学生根据教师给出的提示进行深入分析，抛出更深层次的问题，并与教师沟通解决问题的方法。人机交互也是混合式教学模式的体现。线上学习主要是学生思想与网络资源的碰撞，多渠道教学形式极易激发学生的学习热情，引导学生通过问题探究实现人机交互。

2. 混合式教学模式的优势

（1）弥补单一传统课堂教学的缺陷

随着信息技术不断发展，"互联网+"教育模式使得越来越多的网络平台、资源等被应用到教育领域中去。特别是新冠疫情发生后，为响应教育部"停课不停学"的号召，许多时候教学都需要改到线上。线上教学为疫情下教学带来了便利与生机，是疫情下教师教学、学生求知的最佳选择。但随着时间的推移，线上教学模式的弊端也逐渐显现。如教学过程中总会出现网络不畅、设备不通等不可控因素以及学生自制能力差、教学评估受限等情况，这些弊端导致学生的学习效果大打折扣。而囿于环境缺失，学习者没有机会与同学进行讨论，师生之间的互动频率也因距离和网络设备的局限而大大降低，学习者学习效果也不佳。而传统课堂教学模式是我们一直延用的教学模式。虽然在信息社会下我们将多媒体设备融入课堂，但课堂教学依旧以教师为主体。整个教学过程都要依照教师的教学方式进行，操练略显机械，学习者的创造力和批判性思维很难得到充分发挥。

混合式教学模式将传统教学与线上课堂二者进行优势互补。首先，混合式模式下学生的学习自主性大大提高。课前，学生在自主探索与合作探究中完成"先学"。在完成任务的过程中学生不断探索、拓展新知，思维能力得以提高。其次，教师把控整个教学过程和教学进度，及时调整、逐步跟进，防止学习者懒惰放弃、半途而废。再次，混合式教学使得师生、生生之间紧密相连，学习者遇到问题可以及时求助。课前、课后线上讨论，各抒己见，弥补漏洞。教师通过答疑了解学生短板，便于及时调整教学。最后，混合式教学模式是真正可以做到以学生为主体的教学模式。在该模式下，学生的主观能动性得以激发，教师的引导作用有所加强，大大提升了教学效果。

（2）教学资源存量大、针对性强

传统课堂师生之间的交流大多只存在于课堂本身。教学资源是教师准备的能在课时内展现出来、用于辅助教学的有限资源。传统教学中，学生只能在有限的资源中被动地学习有限的知识，这降低了学生自主思考的能力，缩小了学生的知识面。而单纯的线上教学只是课堂位置发生了改变，师生与学生通过屏幕进行教与学的活动，教学资源也仅限于辅助教师教学的PPT、音频等。课上教师需在有限的时间内完成教材中必学的听说内容，无多余时间用于拓展教学；课下让学生在知识的海洋里搜集所需资源自学，费时费力。即使教师挑选资源发给学生，如若没有专门的要求及反馈，学生是否充分利用就无从得知，学习效果也很难保证，教师花费再多时间、精力也是徒劳。

混合式教学模式下教师可根据教学内容针对性地选择教学资源，拓宽信息面。学生通过教师所提供的资源进行学习，并通过测试卷检验预习成果。通过反馈，教师也可以对学生的学习情况有所掌握。教学资源存量不再像传统课堂时那般受限，存量增大，针对性也逐渐加强。

（3）评估公开透明、真实具体

以卷面成绩为依据是教学体系中常用的评估标准。在考查学生英语口语水平时，普遍以学生抽取话题进行表达、教师根据学生表现进行评分的形式进行。这样的评估缺乏严格的界定，难免存在主观性强、不够公开透明等弊端。混合式教学模式制定严格的评估标准，将教学评估贯穿教学全过程。

教学评估分为线上线下两部分，从课前准备预热到课上学生表现，再到课后作业完成情况以及期中、期末测试成绩等多维度进行考察，并将结果呈现在线上教学平台。每个学生的表现、完成情况及分数大家有目共睹，公开透明、真实具体。

（四）混合式教学模式的实践困境

线上教学探索为混合式教学模式的推广奠定了基础，但发展混合式教学模式的关键在于线上教学和线下教学要如何实现深度融合，即如何发挥二者的结构效应，并避免相互间的冲突。

1.混合式教学模式实践的表面化困境

以往混合式教学模式的实践应用水平参差不齐，有的课程仅仅是将线下的教学资源照搬到线上，上传PPT、教学视频等供学生浏览和下载，线上教学平台主要发挥着资源共享的功能；有的仅仅建设了线上课程，但由于线上教学资源质量不高，学生的访问量很少，线上课程后续使用不足，逐渐演变成了"僵尸课程"，由此导致"互联网+"带来的技术红利没有得到充分发挥。

需要明确的是，"互联网+"对教学的影响是多维度的，如互联网可被应用于教学平台的搭建、教学活动的组织、教学结果的呈现等方面，但混合式教学并不是相关要素的简单相加，重要的是"互联网+"为高校教学带来的化学反应。而当前教学中对信息技术的应用并没有改变以往教学中"满堂灌"的现象，反而从"口述式灌输"转化为技术式的"多媒体式灌输"。概言之，"新瓶装旧酒"式的表面化实施并不能真正体现混合式教学模式的实质内涵。

2. 混合式教学模式实践的形式化困境

当前，部分教师对混合式教学模式的价值认知存在偏误，在教学改革中为了创新而创新，从而陷入目标置换即手段目的化的误区，而不是从现实情境中教师和学生的实际需求出发的，这实质上是形式主义的体现。例如，以报奖为目的、课程设计理念滞后、线上教学模式单一、课程使用率不高等问题普遍存在，这背后的原因就是混合式教学模式实践的动力机制不健全。很多高校通过设立教改项目的方式引导专业教师开展混合式教学模式的实践与研究，并将相关主题的试点探索作为考核院系的重要指标，这种自上而下的推动在缺乏相关资源和政策支持时容易流于形式。而从专业教师和学生需求出发的自下而上的动力机制尚不健全，并没有转化为教师和学生的自觉行为，由此导致教学改革出现"上有政策，下有对策"的怪象，政府或高校层面改革得"轰轰烈烈"与院系或教师层面的"冷冷清清"形成鲜明反差。

3. 混合式教学模式实践的低效化困境

线上线下混合式教学在不同学科、不同专业课程、不同年级学生中的实践存在很大差异，"一刀切"地落实不仅不会改善既有的教学效果，反而容易产生低效课堂。

首先，在实践中，很多高校将线上教学作为线下学习的补充和延伸。而对新冠肺炎疫情的非常规应对促使大量网络课程资源匆匆上线，教学平台实时互动的承载容量无法有效满足学生学习的需求，且相应的教学平台功能的设置与现实的教学需求相脱节，这些问题使得线上教学质量无法得到充分保证，由此导致学生对线上课堂的兴趣逐渐降低，这不利于后续混合式教学模式的推广。

其次，教师除了要承担以往传统课堂的教学工作，还需要开发线上课程，而繁重的教学任务导致教师无暇顾及与学生的线上互动，无法对不同学生的需求进行及时、精准的识别和响应，造成线上和线下教学的脱节与割裂，这反而偏离了混合式教学模式的既定目标。

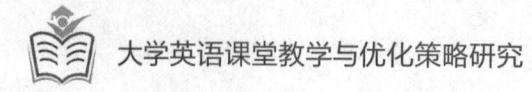

最后，混合式教学模式是信息化时代的产物，信息鸿沟同样折射在教育领域，网络基础设施建设不完善的地区在推行线上教学时无法保证有一个良好、稳定的网络运行环境。

二、大学英语混合式教学模式的价值

新时期，混合式教学方式有着明显的优势，只有明确教学的特点，才可以保障教学工作顺利开展，实现教学目标。

（一）传统学习模式与网络化学习融合

混合式教学模式本质上是将传统学习方式与网络学习进行融合，这种模式能够充分展现教学的优势，让两种不同的教学模式全面融合。在传统的教学模式中，教师往往是教学工作的主体，而学生处于被动地位，只有教师能够掌控教学流程、计划以及步骤，导致学生参与性不高、教学效果不佳。

网络化教学模式充分利用网络平台，全面优化和调整各种类型的教学资源，最终凸显教学优势和教学特征。这样的教学模式可以提升学生的自主学习能力和创新能力。

（二）扩展课程教学空间

新媒体极大地扩展了大学英语课程的教学范畴。在进行教学的过程中，传统的教学形式往往局限在课堂上，教学工作会受到时间与空间的限制，无法实现灵活教学。混合式教学可以有效发挥网络平台的教学优势，教师可以利用互联网上的各种资源，同时将这些资源分享给学生，帮助学生进行学习准备工作，以此满足教学方面的实际需求。

在具体的教学工作中，教师要充分利用多媒体教学资源，进行有针对性的教学，形成立体式教学模式。课堂教学需要利用网络平台进一步获取更多的授课信息，帮助学生深化知识点。混合式教学模式可以提供更加便捷的条件，让课堂教学与网络教学进行有效衔接，从而帮助学生学习。

（三）营造良好的教学氛围

混合式教学模式可以提升教学的实际效果，营造良好的教学氛围。在传统的教学工作中，课堂教学经常会受到诸多因素的影响，使得教师始终采用一种教学模式，导致教学知识与教学目标存在着一定差异。这样的教学模式无法让学生始终处在良好的学习氛围中。大学英语教学要积极利用混合式教学模式，让教学工作有较强的针对性，为学生提供一个良好的学习氛围。

三、大学英语混合式教学模式的构建策略

（一）有效融合教学模式

在教学工作中，英语教育工作者一直都在寻求一种高效率的教学模式来帮助学生掌握英语知识。在这样的教学压力下，大学英语教学要深化改革，要结合实际的教学情况，满足大学生的学习需求。例如，要积极采用自然教学法、情境教学法、听说教学法等帮助学生在学习语言的过程中较为全面地延伸扩展。在现阶段的教学工作中，教师要充分利用各种教学方法，全面提升教学的针对性与覆盖性，特别是在一些重要的教学环节，要积极采用混合式教学模式，最大程度地发挥混合式教学的优势。教师要加强对不同教学模式的研究，发现不同教学方法的优势与不足。

（二）拓展英语学习新平台

高校在开展和应用新的学习方式的过程中，必须根据学生的实际学习状态，充分发挥好互联网信息技术的作用，持续性拓宽并且不断创新英语学习平台。

第一，高校需要建立自主学习平台，分阶段设置学习内容，之后由各年级教师陆续对教学任务进行适当安排，并且制作适当的学习视频上传至网络学习平台上，便于学生后续展开自主学习。

第二，高校需要构建师生互动平台，以提高师生之间的互动性概率，先由教师把某一阶段内的学习内容发送给学生，在保证教学进度的前提下，安排好自己的教学时间。紧接着需要给学生搭建专业的英语学习平台，其中除了必须覆盖现阶段的学习任务以外，还必须持续对学生的学习内容进行拓展延伸，从而保证满足每个学生的学习需求。教师应适当提高学生学习内容的趣味性，防止在学生中间出现厌学现象。

(三) 完善混合式教学保障

1. 完善管理方案

通过分析混合式教学模式相关政策发现，关于线上课程开放教学已经有明确的文件要求，但线下课堂教学政策一直无法完善。线下课堂教学效果是决定大学英语课堂混合式教学质量的重要因素之一，是课堂教学效果的直接体现，只有线上、线下教学都得到政策保障，才能真正实现大学英语混合式教学。

与其他课程不同，英语课程面对的学生专业较杂、人口基数较大。因此，高校应当成立专属机构对其教学模式、教学资源等进行系统分析，并由该机构全权负责大学英语课堂混合式教学的建设管理，实现大学英语课堂混合式教学与全校各个机构之间的协同合作，并对如何提升混合式教学的有效性、如何实时与教务处实现数据交互等问题进行探讨研究。高校应当加强大学英语混合式教学的教学团队整合，建立以教师、辅导员、技术人员等为主体的教学团队，实现协同性发展。大学英语教学对教师的专业素养要求较高，在混合式教学模式应用前应依据不同教师的个人情况合理分配线上、线下教学工作。教师作为教学主力负责大学英语混合式教学的线上课程与线下授课，但除了基础的课程建设及微课视频录制外，教师还可以利用闲暇时间登录线上平台账号，通过关注学生动态，总结整理课程中的重难点内容，并且进行在线辅导。

2. 建立激励政策

为加快大学英语混合式教学改革进程，各高校可基于教学团队工作量、线上线下课堂教学开展等多个方面建立相应的激励性政策，要求教师对大学英语课程进行深度研究，并形成理论成果。

第一，对于大学英语教师应当加大关注力度，鼓励其尝试应用混合式教学完成教学目标、开展课堂活动。对于教师的工作任务特别是线上教学建设部分应给予特殊奖励，并制订不同阶段的奖励计划。

第二，对于参加大学英语混合式教学的助教应当与校内课程助教区分，从工作内容、完成度等多方面进行业绩考核，制订不同阶段的奖励计划。

(四) 构建混合式师生关系

在具体的教学工作中，教师要做好课堂引导工作，让学生有更多的自由活动空间，为学生提供更多的学习机会。可以将学生分为不同的学习小组，这样便于学生对学习中出现的问题进行分析讨论。在课前准备阶段，教师可以使用网络技术进行课件制作，积极采用一些有关课程内容的资源，全面提升教学效果。在教学中，教师可以将线上教学与线下教学进行有机融合，帮助学生进行自主学习。

（五）完善大学英语课程设计

新媒体为大学英语的课程设计改革提供了机遇，特别是在使用了各种信息技术之后，提升了学生对于课程内容和形式的兴趣，促进了个性化教学的开展。当下所开展的混合式教学模式是一种可以将传统教学模式与现代化教学模式相结合的教学方法，其根本作用就是在教学的过程中能够充分保障教师有更多的教学途径与措施，为学生提供更加完善的教学内容。

在教学工作中，教师还需要对教学内容进行有针对性的设计，需要积极利用新媒体对教学课件进行设计及优化，以此满足教学工作的实际需要。在这样的课程设计背景下，教师要发挥学生的积极性，并对学生进行全方位的引导，提升课程设计的教学效果。

（六）提升学生的学习主动性

1.激励学生形成自主学习思维

在大学英语课堂中，教师的主要作用是引导、帮助和监督。在大学英语混合式教学模式中培养学生形成自主学习思维是极为重要的，学生接受传统教学模式多年，早已形成了被动学习模式。因此，教师要在教学中培养学生自主安排知识内容，形成自主学习意识。

在大学英语课堂教学过程中，教师需要以不同学生的发展认知为依据设定合理的目标激励，通过课堂中的一个个小目标实现最终的课堂教学大目标。在整个教学过程中教师既要保证发挥自身的引领作用，也要注重拉近师生关系，在尊重学生的基础上平等交流沟通，有效实现师生互动。

2.培养学生的信息素养

信息素养即人在信息社会大环境下的适应能力，是当代社会对复合型人才的基本要求。在大学英语课堂教学中，教师需要明确培养学生的自主管理能力、问题解决能力的意义。部分学生在课堂中已经形成了遇难则退或者求助教师的习惯，缺乏自主解决问题的能力。大学英语课堂对于学生能力的培养、人生价值观的形成有着重要意义，在大学英语课程教学中教师更应注重锻炼学生的信息素

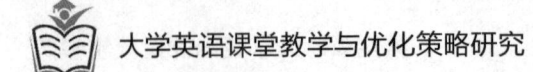

养，为其后续学习奠定基础。应用混合式教学模式后，线上教学课程对于学生的学习状态、学习环境等没有固化要求，只有时间限定要求。要想保证外语学习质量，学生必须根据自身学习能力计划网络课程学习进度，学会自主解决学习过程中遇到的各类问题，合理安排学习时间，进而保证学习规划的完整性。

（七）培养教师混合式教学能力

1. 积极转变教学观念

新时代背景下，高校教师应当革新自身的教育理念，将混合式教学模式应用到课堂教学环节中，让大学英语教学课堂更贴合学生认知，提升课堂教学效率。然而在大学英语课堂教学中，部分教师对于新型教学模式存在一定的抵触心理。大学英语教师在教学过程中应当秉持发展、客观的眼光分析大学英语混合式教学，认识混合式教学与传统教学的异同，实现混合式教学与传统教学的综合统筹，实现教学质量突破。教师应将英语教学内容的多样性与混合式教学的生动性、社会性相耦合，实现教学方式科学化、高效化，提升教学质量，达成教学目标。混合式教学模式的应用不仅可以将冗杂的语言知识简明扼要地传授给学生，而且还可以做到深入浅出，给学生沉浸式课堂体验，将枯燥无味的语言知识转变为活学活用的生活情境，让语言知识入脑入心。

2. 培养混合式教学能力

大学英语教师团队年龄相对较高，对于新技术、新设备接受能力相对较差。要想真正落实混合式教学模式，必须要对大学英语教师团队进行混合式教学能力培训，全面解决如何应用线上平台开展教学、如何在线上课堂中实现沟通交流等现实问题。自大学英语教学应用混合式教学开始，高校应定期组织开展教师动员会，从教学理念、教学模式等多方面鼓励教师打造大学英语混合式教学课堂。首先，应帮助大学英语教师从内而外真正认识、认可线上＋线下混合式教学模式。其次，可以邀请大学英语混合式教学的专业团队到校内进行座谈交流，吸取其他高校开展混合式教学的经验教训；也开展专业性研讨会，从实操中完成培训，解决不可预见的课堂问题，深化混合式教学理念。

3. 提高对混合式教学方法的重视程度

现阶段大部分大学英语教师对于混合式教学方法没有给予足够的重视，还未确切认识到该教学方法的重要性，如此，在实际教学中也就自然而然地忽视了对此教学方法的调整及使用。

第四章　大学英语课堂教学模式

（八）注重对网络教学资源的利用

将混合式教学方法应用于大学英语课堂教学中，必须要以保证网络教学资源的充分利用为前提条件，而这种模式能尽情发挥其优势的主要原因还在于借助了网络优势。基于此，在设计大学英语课程时，必须首先强化对网络教学资源的运用，以实现教学内容的多元化，并从中开发出更多的教学资源。

（九）进行大学英语混合式教学多元评价

针对当前大学英语混合式教学评价存在的问题，高校如何更加尊重学生英语语言习得的认知规律和个性特点、如何推进大学英语教育的内涵式发展，是大学英语混合式教学成功与否的关键。

为此，高校应该积极探索多元化的新型评价策略，采取拓宽评价内容、突出评价的层次性、实施全过程评价、扩大师生评价主体等策略，最大限度地发挥多元评价体系的功能，以保障大学英语教学取得更好的效果。

1. 拓宽评价内容，实现测试标准多元化

大学英语混合式教学要实现评价的多元化，必须拓宽评价内容，实现测试标准的多元化。具体来说，评价必须遵循大学英语混合式教学的多元化内容要素，高校要深刻认识大学英语教学不仅包括词汇、语法，而且还包括听说等交际实践。与之相对应，教学评价方式也要进行相应拓宽，在形式上可以采取网络评价和小组评价等方式。例如，大学英语教师可以对学生每一单元的学习进行形成性评价，学生收集学习资料及其研究贡献、参与小组讨论的情况和会话交流实践中的个人表现等，都可以囊括到形成性评价的内容中。与此同时，教师可以指导学生建立个人学习档案，在学习每一单元时，记录个人的学习计划、学习心得、教师评价和学习成果等内容，完整囊括学生学习的全部内容，为实现多元化测试提供依据。在终结性评价中，高校要对学生每一单元英语混合式学习的成效进行评价，学习目标是学习成效评价的主要依据。因此，终结性的成效评价首先要对应到学生对单元主题的深刻理解等维度上；其次，还要考查学生英语语言运用的熟练程度，包括词汇语法的准确应用、语境的契合性及语言衔接的流畅性方面。此外，对大学生英语沟通能力和英语知识应用能力的评价，高校也要结合本校大学生的实际学情制定有针对性的、多层次的测试标准，最终实现测试标准多元化。

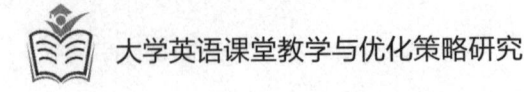

2. 突出评价的层次性，促进评价发挥综合效果

大学英语混合式教学的一个显著特点就在于学生主体性得到充分发挥。而为了促进每一位大学生最大限度地发挥主观能动性，英语教师要依据学生的不同情况进行教学。相应地，对每位学生的评价也要因人而异。

第一，高校对大学英语混合式教学的评价也要设置适合学生实际的评价标准，突出评价的层次性和个性化，促进评价发挥综合效果。例如，大学英语教师可以借助混合式教学模式下的互联网信息技术，将每一位大学生平时的英语学习表现进行汇总，建立动态数据库，注重平时考查，特别要重视大学生在小组合作学习中的表现，为实现综合评价提供依据。第二，大学英语教师要擅长运用层次化的评价结果对每一位学生进行有针对性的激励，从而引导学生扬长避短。唯有如此，才能充分发挥教学评价的综合性效果。

3. 实施全过程评价，提升评价的科学性与合理性

为了进一步提升教学评价的科学性与合理性，大学英语混合式教学要借助信息技术建立有关学生英语学习过程的数据库，存储学生的线上线下学习过程和英语会话表达等内容，真实记录学生学习英语的全过程，提升评价的科学性与合理性。同时，自主学习是学生在大学英语混合式学习中的主要方式，所以，实施有效的全过程评价必须首先依靠学生的自主评价。

为此，教师要引导学生明确自身的学习目标和学习策略，自觉监控自身的英语学习状态和效果，并在此基础上进行自主反思和调整。首先，学生无论在线上还是线下学习中，都要做好自我监控和管理，这是保证自我评价科学性的关键所在。其次，为保证学生自我评价的合理性，英语教师要对学生的自主学习过程与成果进行适时监督，引导学生真正做到时刻自省，切切实实将自我评价落实到位，只有这样才能真正实现全过程评价。

4. 扩大师生评价主体，充分发挥评价激励作用

为了充分发挥教学评价的激励作用，高校还要进一步扩大评价主体，引入教师评价、朋辈评价等方式，从而建构多元化的大学英语混合式教学评价体系。

第一，高校要在大学英语混合式教学评价中推动教师评价与朋辈评价同向同行，教师评价要侧重从学生英语语言运用的专业性出发，朋辈评价要从同伴在合作学习中的实际表现与贡献出发，这两种评价方式要在线上线下的教学评价中互为依托。同时，大学英语教师还要结合学生的实际情况制定一些原则性标准，以方便学生开展朋辈评价时进行对比参照，最大限度地保证评价的公正、客观，进

而充分发挥评价的激励作用，最终激发学生更大的学习积极性。

第二，大学英语教师要引导学生组建英语评价小组。为了保证小组成员合作的协调性，教师要详细了解每一位学生对英语语言的掌握水平，根据学生的英语学习水平进行合理分组。同时，教师还要督促每位学生虚心听取他人意见、积极改进自身在英语学习中存在的问题。

第三节 多元互动教学模式

一、多元互动教学模式概述

（一）多元互动教学模式的含义

"互动"一词具有两方主体之间互相交流、相对运动的含义。而当其存在于社会生活之中，则是指整个社会中的不同个体之间以及不同群体之间的互相作用的过程，这一阶段通常是以语言、行为等不同的方式来进行信息交流，从而使彼此之间产生信赖与依靠。此时，通过身体的不同系统所发挥的功能以及心理机制所进行的活动使得不同因素之间进行互相作用。换句话来说，"互动"指的是二者相互作用或发生变化的过程。

而"多元"指的是运用过程中的主体是多元的，不是独立存在的个体。故"多元互动"突出的是多种要素之间的互动，不能将各个要素割裂开来，它们之间是相互关联、相互影响、相互依存的，而人们在实际生活中也是无法脱离群体而独立存在的。

多元互动教学模式是一种新型的教学模式，它主要是调动课堂上的一切教学要素，具体包含学生与教师、同学以及课堂其他可以使用的教学辅助资源，如课件、课本、教案、教学方法与策略等进行互相作用的模式。这就要求教师在教学过程中合理安排每种教学要素，将以学生为中心的理念充分体现出来，最大限度地达到教学目的、完成教学目标，从而达成各教学要素的有机整合。

（二）多元互动教学模式的类型

多元互动教学模式主要由显性和隐性互动两部分组成。前者主要是指可以被肉眼看见的，特别显眼的外部相互作用，例如在课堂教学中可以直接被看到的不同行为或者动作之间的互相作用以及可以被听到的言语互动，良性的显性互动能够帮助学生切身地投入课堂环境。而后者是指不能被肉眼看见的，特别不显眼的内部相互作用，比如，教师对学生的熟悉与了解的过程。最终隐性互动需要通过显性互动显露出来，然后进行具体的教学活动的实施。

（三）多元互动教学模式的特点

1. 线上线下共同具备的特点

（1）以学生为主体

多元互动教学模式强调"以学生为中心"，突出学生在课堂中的主体作用。从教师与学生的关系上看，教师应当作为学生学习的促进者、组织指导者以及学生学习知识建构的帮助者，引导学生充分发挥主观能动性进行积极主动学习，支持学生进行独立思考。教师应根据自身的观察、体验，进一步引导学生独立领悟各个事物之间的发展规律与变化情况。

（2）强调课堂内互动

多元互动教学模式的重心在于互动二字，学生又是课堂活动的主体，教师在设计课程内容与环节的时候重视课堂气氛的营造也是非常必要的。良好的教学活动不仅可以促进师生、生生之间的互动，而且还能在一定程度上激发学生的学习兴趣，并以此来提高学生的积极主动性，从而完成相应的教学任务。

（3）重视各种要素结合

多元互动教学模式的各个互动要素是存在内在联系的，比如教师和学生、教师和教学方法、学生和教材、教材和多媒体、教学方法和教材等都是相互关联、相互作用的，教师需要将全部要素有机地整合在一起，方能让课堂有序地运转，从而使多元互动教学模式在大学英语课堂中的作用发挥到最大。

2. 线上教学的特点

多元互动教学模式在线上或线下的大学英语课堂中同样适用，但是线上教学与线下教学最大的区别点在于现代教学技术的运用。线下教学是利用多媒体辅助教学，而在线上教学中，多媒体则是非常重要的、不可或缺的一个课堂组成部分。课件的使用可以使教学内容更加直观，教师可以通过音频、视频、动画等多样化的方式将课堂当中所学的知识点与内容传递给学生，吸引学生的注意力，提高学生的学习兴趣，使课堂更加生动活泼，从而使学生更易接受所学的知识内容。

二、多元互动教学模式在大学英语教学中的作用

(一) 提升英语核心素养

英语是一种重要的交流工具,其核心素养要求大学生在学习过程中形成良好的语言积累、英语文化意识以及英语思维模式。但是国内高等院校的英语教育受到各种客观条件的制约,在英语核心素养的培养方面还存在较多的缺陷。多元互动模式的应用让学生利用各种教学要素全面提升其实践应用能力,有效弥补了传统教学模式存在的不足,塑造了学生的英语核心素养。

(二) 激发英语学习热情

不少学生对英语学习提不起兴趣,主要原因在于教学模式非常枯燥,教师将主要的精力花费在讲解词汇、短语、课文以及语法知识等基础层面,课后仅布置一些汉译英、写作或者阅读理解之类的作业,按部就班地完成听力教学以及组织英语考试,师生之间的教学互动仅限于课堂提问环节。

多元互动教学模式下,教师会借助分组讨论、微课、分组探究等各种教学形式丰富课程内容,学生也会更多地参与到这些教学活动中,其学习体验、主体地位以及学习热情在这种模式下都会得到有效的提升和改善。

(三) 促进多元交流

缺乏交流和对比会导致学生不能充分认识到自身在英语学习方面存在的问题,进而陷入一种缺乏客观性的错觉中。任何一门学科的教学都应尽可能地激发学生的主观能动性,学生只有认知到自己与别人的差距,才能更好地发挥自主学习的意识。传统教学模式下学生之间、师生之间、学生与其他各类教学要素之间的互动都比较有限,很多学生不能形成对比,感受不到自己在英语能力方面的不足。多元互动教学模式的深入贯彻可全面提升学生与各种教学要素之间的交流。

(四) 创新教学模式

在多元互动教学模式下,微信公众号、微信群、专业的教学软件、课堂互动、英语演讲比赛等都会成为有效的教学方法,原本单一的教学模式得到了有效扩充。例如,教师可针对大学英语中的重要短语或者语法知识录制5～8分钟的

情境短视频，可邀请学生参与到视频的录制活动中，然后再借助微信群或者其他的软件工具将这些短视频推送给学生。这样做的优势在于学生可利用手机或者电脑等硬件设备随时查看这些教学内容，其学习的时间不再局限于课堂上的几十分钟。显然这种教学模式更具趣味性和互动性，学生在时间和空间上的自由度也更大。

三、大学英语多元互动教学模式的构建策略

（一）明确教学目标

教师在组织每一节互动式教学的课程内容之前必须先明确教学的主要目标，找出教学的侧重点，根据英语教学的四个核心素养来设定本节课程的主要教学目标和内容，具体包括语言能力、学习能力、文化意识以及思维品质。在语言能力培养方面，要将课文以及其他辅助性教学材料中的词汇、短语以及重难点语法知识等作为教学的重点。在学习能力培养方面，要不断向学生讲述和展示高效记忆、思维导图、对比归纳、推理演绎、联系全文等各种方法，帮助学生形成全方位的学习技巧。在思维品质培养方面，要着重借助阅读素材、视频素材以及语音素材提升学生对英语思维模式的理解，使其掌握英语表达和写作的思维逻辑，避免学生陷入汉语的思维定式。

（二）强化教师的多元互动教学理念

为了在大学英语教学中更好地开展多元互动教学模式，各高校需要全面强化教师的多元互动教学理念。教师作为教育过程中的引导者与传播者，必须对多元互动教学理念形成认可，快速地接受教学模式的转型。高校在宣传多元互动教学理念时，需要通过各种措施深化教师对该理念的认识，并提升教师自身的教学素养。在正式开展教学活动之前，各高校可以在教师团队当中抽选优秀教师进行课程试讲，并组织其他教师旁听，让更多的教师意识到多元互动教育的优势，从而能够自发地将这种理念应用在日常的教学活动中。

教师需要积极转变以往只重视课堂教学的传统思维，充分利用现代化的网络媒体设备，包括微信、QQ等网络社交媒体与学生进行及时沟通，实时解决学生在学习过程中遇到的难题与疑惑。

第四章 大学英语课堂教学模式

在多元互动的教学模式中，教师可以利用智慧树、雨课堂等学习类软件对学生的阶段性学习情况进行跟踪回访，从而及时地掌握学生的学习动向。对于自控能力较差的学生，教师可以通过社交软件对学生进行督促沟通，提醒学生按时完成学习任务，提升学生的自主学习意识，最终有效提升他们的英语学习水平。

（三）强化硬件与软件教学水平

良好的硬件教学环境是高校开展多元互动教学模式的基础。因此，各高校需要配备先进的、现代化的教学仪器，如各类多媒体设备等。另外，基于英语教学的特殊性，高校需要为英语课程设置专门的语音教室，从而更好地锻炼学生的听力和口语能力。

在网络技术的支撑之下，学校需要为学生提供更加丰富的教学软件，例如，英语教师可以在机房电脑上安装英语学习软件，让学生在软件中进行自主口语对话与听力练习。除此之外，教师还可以安装"超星""尔雅"等视频学习软件，让学生在更加丰富的教学环境中开阔视野、提升知识储备、强化自身的综合英语水平。

（四）建立丰富的学习资料库

大学英语多元互动教学模式的建立需要丰富的学习资料作为基础。在传统英语教学中，教学资源相对匮乏，并且学习时间与空间上的限制导致学生难以及时地建立起完善的知识储备和知识体系。而在多元互动的教学模式下，各高校可以为学生建立更加丰富的学习资料库，各大高校可以通过合作来实现教学资料的共享，进一步提升学术共享氛围。

（五）促进教师对学生的引导

在日常的大学英语教学中，教师必须积极培养学生的人文精神。这就需要教师起到良好的榜样作用，在教学过程中公平对待每一个学生，与学生建立良好的信任关系。在此基础上，教师不仅要关注学生的日常学习状况，而且还要不断鼓舞、激励学生，在教学过程中强化对学生的引导，进一步激发学生对于英语学习的兴趣，使其更加主动地投入多元互动的英语教学环境当中。而且，教师还可以在日常的教学当中增加人文艺术性的英语文章赏析，让学生在人文思考当中培养自身的多元化思维。

第四节　多模态教学模式

一、多模态教学模式概述

（一）多模态教学模式相关概念界定

1. 多模态与多媒体

（1）多模态

"模态"一词是从英文单词"modality"音译而来的，"modality"一词的中文解释为"形式、形态"。因此，"模态"指互相交流、传递信息与接收信息的通道与介质，是一种交流方式。它包括各种符号资源系统，诸如语言、技术、图像、颜色、音乐等。

模态是人类通过视觉、听觉等感官与人、物件、机器等外部环境之间相互作用的一种方式。单模态是指利用单个感官进行互相作用，双模态是指利用两个感官进行互相作用，而多模态指的是运用三个以上（包括三个）感官进行相互作用。

（2）多媒体

媒体是一种物质媒介，而模态是起到交际功能的符号。教学中的媒介可以分为物理媒介与逻辑媒介两种，物理媒介主要指以物质形式承载的内容与信息，如书本、录音笔、光盘、硬盘等；而逻辑媒介是指利用物理媒介所承载的信息与内容的编码手段，如文字、图像、音频流、视频流等。特定的逻辑媒介是与一定的物理媒介相对应的，如书本媒介上无法承载音频流、视频流，但是可以反映图像、文字，同理可知使用承载音频流的录音笔，也无法反映图像、文字等。

多媒体的出现为多模态的发展和深入研究提供了可能性和必然性，多模态是多媒体存在的意义与价值。当媒体可以作为一种符号传递信息时，那么它就具备了与外界传达信息与交流的功能，便实现了多模态。信息的载体就是媒体，包含两个以上的载体就是多媒体。多模态与多媒体之间有差异也有联系，多媒体作为物质手段是具体化的，而多模态是抽象化的。模态就是与物质媒体进行反应后，人的感官接收信号，刺激不同感觉，如视觉、听觉、触觉等，从而形成多模态。

2. 多模态话语

张德禄阐述了多模态话语的定义：多模态话语指运用听觉、视觉、触觉等多种感觉，通过语言、图像、声音、动作等多种手段和符号资源进行交际的现象。在多模态话语分析中，媒体是话语最终在物质世界表现的形式，包括语言媒体和非语言媒体的两大类。语言媒体包括纯语言媒体和伴语言媒体两类；非语言媒体包括身体性媒体和非身体性媒体两类。身体性媒体包括面部表情、手势、身势和动作等因素；非身体性媒体包括PPT、实验室、网络平台、实物（投影）、音响、同声传译室等。

在多模态话语的形式与关系方面，朱永生提出了两个判断标准。其一，看涉及的模态种类的数量，即只使用一种模态的话语为单模态话语，使用两种以上（包括两种）模态的话语是多模态话语，另外也有人称两种模态的话语为双模态话语。其二，看涉及的符号系统的数量。一些话语尽管只涉及一种模态，但其包含两个以上（包括两个）的符号资源，也可以被视作多模态话语。

3. 多模态教学模式

在课堂教学实践中，无论是教师与学生之间的"教与学"构成的互动，还是学生与学生之间对课堂内容所进行的互动都体现了多模态。在教学过程中，教师运用多种教学手段（如小组合作、角色扮演）调动学生的多种感官以共同协作完成教学任务，从而吸引学生的注意力，营造良好的课堂氛围，加深学生对课堂教学内容的理解与记忆，这种教学模式就是多模态教学模式。

综上所述，多模态教学模式为教师和学生提供了更大的发展空间，教师完全可以脱离固定的教案模板自主思考备课、设计教案，在教学过程中灵活地呈现多模态教学模式。教师还可以充当"导演"的身份，鼓励学生充当"演员"主导教学活动等。多模态教学模式一方面强调多种感官组合对学生进行知识建构，另一方面还注重非语言符号模态中肢体动作行为等方面组合对学生进行知识传递与建构。

（二）多模态教学模式的理论基础

多模态教学建立在三个重要的理论基础之上，它们分别是系统功能语言学理论、多模态话语分析理论和输入假说理论。

1. 系统功能语言学理论

20世纪70年代，韩礼德创立了系统功能语言学理论，其中的社会符号学理论是多模态教学最主要的理论来源。韩礼德认为语言是一个符号系统，同时也是一个最常见的表达意义的系统。除了语言，他认为还有其他非语言形式的符号系统也可以用来表达意义，如图像、建筑、音乐、动作、舞蹈等。系统功能语言学认为意义的表达是通过多种符号来完成的，非语言形式的符号在表达概念意义、人际意义和语篇意义上，与语言符号具有相同的功能。韩礼德认为模态与模态之间互为补充，在语境层面创建意义，不同模态在不同的语境中有不同的作用。语言模态能扩展和详述非语言模态，为其提供语境，反之，非语言形式的模态也有同样的作用。

2. 多模态话语分析理论

20世纪90年代，克雷斯和范·勒（1996）以韩礼德的系统功能语言学为基础建立了多模态话语分析理论的框架，该框架由文化层面、语境层面、意义层面、形式层面和媒体层面组成。在文化和语境层面上，多模态话语分析理论不仅关注语言系统和社会文化之间的关系以及语义结构和心理认知之间的关系，而且还关注动作、表情、图像、声音、颜色等其他非语言符号。在意义层面上，克雷斯和范·勒文将韩礼德提出的"语言元功能"延伸到非语言形式的符号，他们认为符号和符号之间相互独立又相互作用，在分析语言符号的功能与特征的同时，也强调图片、动作、颜色、声音等其他符号在构建意义中的作用。在形式和媒体层面，多模态话语分析理论认为随着科学技术的发展、数字网络技术和多媒体技术的广泛使用，作为副语言模态的图片、颜色、动作、表情、声音等符号已经不再作为辅助语言模态出现了，而是和语言模态一起共同参与建构意义。从严格意义上说，人类的交流不再是单一模态的交流，现实生活中的交流都是多模态的。

3. 输入假说理论

20世纪80年代，斯蒂芬·克拉申提出了著名的"输入假说"理论。他认为第二语言的习得需要大量且有效的语言输入，只有当学习者接触到略高于其现有语言水平的"可理解的语言输入"时，才能把注意力集中在对信息的理解上，才能产生语言习得。换言说，当学习材料过于复杂或是超出学习者现有的语言水平时，学习者就很难把注意力集中在对信息的理解上，这样的语言输入对于学习者来说就是无效的。

克拉申提出语言输入分为三个阶段：话前阶段、早期语言表达阶段和后期语言表达阶段。在话前阶段，他提倡不要过早地让学习者进行口语表达，而应该进行大量的听力训练，以此增强学习者对一些基础词汇的印象。学习者在大量的听力训练的基础上，可以根据情境、动作、插图等非语言模态来猜测听力材料所传达的信息。经过一段时间的学习和练习，学习者已经能够简单地进行语言表达，即进入了早期语言表达阶段。在这一阶段，教师应当引导学习者进行大量的语言练习，练习的过程中不要过多纠正学习者语言形式上的错误。进入到"后期语言表达阶段"，学习者的语言表达能力得到大幅提升，教师应更加重视更新输入内容和丰富输入形式，研究和改进教学方法。

二、多模态教学模式对大学英语教学的作用

（一）推动教学方式变革

事实上，在教育行业不断发展完善的背景之下，许多传统的教学模式尽管有着丰富的教学实践成果，但已不再适用于如今的教学要求。在当下，无论是信息获取渠道，还是人们日常所接触的环境，都更加丰富和多元。若要坚持传统教学方式，难免不符合当代学生对课堂教学的要求，无法将学生的注意力集中到教学内容上。而多模态英语教学模式的应用，正是对前者的变革和创新，更加符合当代教育发展的趋向。此类具备创新性的教学模式的应用，能推动大学英语教学的整体革新，同时还能完善学生的整体认知能力，增强师生的交流和默契，打造良性互动的课堂，促进大学英语教学课堂的完善。

（二）激发学生学习热情

一般而言，高校的学生学习基础都不太牢固，学习方法也需要进一步培养。就英语而言，包含词汇、语法、阅读、写作等多个方面的基础知识。在英语基础不佳的情况下，学习成效也会大打折扣，难以达到提升学生英语水平的目的。但是，采用多模态英语教学模式，能够在一定程度上增强英语课堂的吸引力。学生英语成绩不好，原因无非集中于教师和学生两个方面，学生缺乏动力，或教师缺乏创新能力，双方均无法从教学中有所收获。

因此，通过多模态教学模式的应用，英语课堂能够与学生实现更深的融合，拥有更广泛的内涵，无形中吸引了学生的注意力，从而使学生愿意学英语、主动

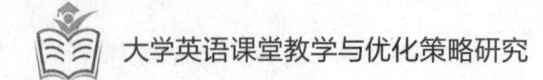

学英语，在英语学习中产生获得感与成就感，再通过教师的有益引导，自然能够大幅提升学生的学习热情。

（三）提升学生语言水平

英语教育是我国各阶段教育的重要组成部分，学习英语的最终目的在于获得英语语言能力。但是对于大学生而言，英语基础基本无法达到目标水平，主要的表现有词汇量不足、英语阅读理解能力不佳以及口语和听力的问题。这极大地限制了他们使用英语这一语言的能力，同时也成了他们学习英语的障碍，磨灭了学习热情。针对这一情况，大学英语教师应当针对学生的问题，对英语学习的各方面内容加以强化，采用生动有趣的方式教授英语知识，慢慢帮助学生弥补过去知识结构上的缺失，逐渐建立起完善的英语学习体系。这样能够更好地促使学生去学习英语知识，锻炼他们在实践中运用英语的能力，从而促进学生语言水平的提升。

（四）培养学生学习习惯

无论处于哪一个学习阶段，是否具备良好的学习习惯，在很大程度上决定了一个学生的学习效果。基于此，具体到大学英语教学中，若要充分发挥多模态模式的作用，必然要注重培养学生的学习习惯。考虑到大学生本身的学习基础，要树立良好的学习习惯，需要教师花费更多的心思和精力，才能达到预期的效果。学习习惯受到多种因素的影响，比如学生自身对待英语学习的态度、学生学习英语的方法以及教师的教学手段。那么要使学习习惯朝着良好的方向发展，需要教师加强对学生的管束，并施以良好的引导，帮助学生学会有效的学习方法。同时，教师应该使用适应学生基础的教学手段。在以上种种措施的共同作用下，树立高效率的学习习惯将不再是一件难事。

三、大学英语多模态教学模式的构建策略

（一）构建多模态教学课堂

构建多模态教学课堂需要采用不同的教学方式和辅助设施进行英语听、说、读、写等不同技能的教学与训练。教师在进行英语阅读课堂教学时，需要以学生为教学中心，注重学生的情境体验和认知经验，采用任务型教学模式，在互动过

程中观察学生的表现,倡导发现式教学模式,鼓励学生积极、主动地参与到学习活动中,培养训练学生的学习能力。

英语是一科不同于其他学术科目的语言教学课程,而语言课程的教学方法不同于其他课程,它要求学生掌握一定程度的语言能力,多说多练。在课堂中,教师应让学生有足够的语言表达机会,在对学生进行提问时,要求学生要用完整的句子回答,不要简单地使用一个单词或者短语,还要开设相对应的口语课程,使用情境教学法,让学生在创建的情境中进行对话练习或者朗诵,充分训练学生的语言能力。

(二) 采用多模态英语教学资源

在大学英语课堂教学中,为了更好地应用多模态教学模式,教师首先要做的就是在课堂中融入更多的教学资源。教学活动归根到底是知识传授活动,那么教师首先一定要充分备课,尽量通过多种渠道寻找适合进行多模态教学的资源,为课堂做好充分准备,只有这样才能更好地实践课堂效果。在教学资源的选择上,教师应当根据多模态教学的特点以及学生的学习情况,选择能够融入这种教学模式的课堂资源。

一般而言,常见的课堂教学资源有三种:文字、视频、音频。其中多媒体设备是非常重要的教学载体,通过多媒体设备,上述几种教学资源都能够向学生展示,使课堂教学更加直观和有效。同时,音频和视频相较于文字而言更有表现力,在多模态教学中运用频率较高,符合多模态教学模式的需求。在具体教学资源的内容选择上,英语教学资源要贴近生活实际,同时也要具备学习价值。比如,通过视频了解英语国家的文化和基本的生活习俗,这样便可有效地提升大学英语课堂教学的效果。

(三) 结合教材进行多模态教学

在大学英语课堂教学中,教师和学生都会遇到各种各样的难题。教师无法在短时间内通过讲解让学生掌握章节的重点和难点,学生也无法通过一节课便将知识点熟记在脑海中。使用传统的教学方式解决这个问题,只能通过教师反复地进行讲解,学生不断地接受,但教学时间有限,而且教学内容也有相应的安排,采用传统的教学方式不仅效率不高,而且只能让小部分学生将重点知识掌握,大部分学生仍然无法掌握,甚至教学任务都无法完成。教师要在安排好的课时内完成教学任务，无法反复地跟学生讲解同一个知识点，只能告诉学生还有不明白的课后去找教师讨论，但只有少部分学生会去找教师解决这个问题，大部分学生会将这些重点难点都堆积起来。在高校英语课堂中，采用多模态教学能够将课堂丰富化，解决传统教学模式难以解决的问题。大学英语教师可以结合教材，借助现代的信息技术进行教学，利用网络教学的优势，将章节的重难点制作成微课，方便学生反复播放进行学习。

（四）打造多模态英语教学氛围

教学氛围是需要培养的。那么，在运用多模态教学模式的同时，大学英语教师也应该积极营造与此相适应的教学氛围，才能使这一教学模式的作用得到更好的发挥。学生之所以缺乏学习热情，主要是由于过去的基础较差，因而容易在学习新知识时出现习得性无助感。而此时教师若能营造积极良好的教学氛围，必能减少学生的厌学心理。同时，教师应该循序渐进，慢慢带领学生打牢基础。比如在教学中，可以采取小组合作学习的方式，以此来激发学生的主动性和参与性，同时能够使课堂氛围更加热烈，从而避免教师单方面传授知识的弊端，或开展一些趣味小活动，增强课堂的趣味性。教师可以通过上述种种手段来营造良好的英语教学氛围，从而使多模态教学模式得到更好的应用。

（五）开展多模态英语教学活动

在我国不断融入世界的过程中，对于国际性人才的需求也越来越多。这便对我国的教育提出了新要求，即在教学中强化英语实践运用能力。因此，具体到大学英语教学，也应该对教学质量提出更高的要求。具体而言，在应用多模态教学模式时，应当更多地在教学活动中体现这一特点。教师应该与时俱进，及时改变自己的教学方式和手段，以便更好地实现英语教学目标。

因此，在设计大学英语教学活动时，教师应该使教学活动更偏向于多模态共同发展。比如，在课堂上播放相关英文广播或其他作品，用以充分锻炼学生的英文听觉模态，进而让学生对视频中的内容进行模仿，分小组进行竞赛，最后共同选出比较优秀的一组。通过这种方式，不仅可以让学生充分地参与到课堂中，而且也有效地实践了多模态教学模式，创新了教学方式。

(六) 改变英语教师的教学观念

新的教学模式需要不断的尝试和长时间的实施与磨合，才能得到有效的发展。对此，多模态教学在大学英语教学中的应用需要得到高校、教师的重视和学生的配合。多模态教学在大学英语教学中的有效应用，首先需要对教师进行相应的培训，改变教师的教学观念和教学方式。教师是影响教学效率最直接的因素，教师的课堂教学模式很大程度上决定了课堂的质量。部分高校的教师存在着教学理念与当今时代发展不符的问题，他们仍然采用传统的教学模式进行教学，这种教学方式过于刻板，导致课堂内容单一、课堂气氛不活跃，学生的课程参与程度没有被充分调动起来，在一定程度上挫伤了学生的学习积极性，从而导致学生的英语能力得不到综合发展。

由此可见，教师的教学观念和教学方式对学生的学习有着重大影响。高校可以在教师群体中进行多模态教学方式的宣传与培训，鼓励教师进行教学方式的创新，从而改变他们的教学观念，提高他们对多模态教学方式的重视程度。同时也要对学生进行相应的要求，提高他们的思想认识，让他们重视大学英语课程的学习，积极主动地配合教师的课程教学，提高自己的英语能力。

(七) 实行多模态英语教学评价

除了课堂教学活动之外，教学评价机制也能够深刻地影响学生的英语学习。在创新教学模式的背景下，教学评价机制同样也应该随之进行变更，以更适应时代的变化。因此，在大学英语课堂教学中，需要建立以多模态评价方式为主的教学评价机制，才能够更加准确地评判学生的学习效果，并以此为学生提供积极的反馈。当学生努力学习之后，能够收到正向的积极反馈，这对于学生自身而言，将会起到非常大的学习激励作用，鼓励他们更好地进行英语学习。同时对于教师而言，一个完善的教学评价机制也能使教师更好地把握教学方向，发现自己的不足和缺陷，进而有意识地去改善和提高。总体而言，一个适用于多模态教学模式的教学评价机制是能够更有效地辅助教学活动开展的。

第五章 大学英语教师课堂教学

目前，大学英语课堂教学中仍有许多问题亟待解决，对此，大学英语教师必须要给予一定的关注，针对实际情况选择有效的教学策略全面深化教育改革，争取打造高效课堂，不断强化学生的英语能力。

第一节 大学英语教师课堂角色定位

一、大学英语教师与学生关系的矛盾

在传统观念中，大学英语教师一直处于课堂教学活动的主体地位，是课堂的主导者；学生则在课堂中处于客体地位，较为被动。然而值得思考的是，这种角色分配是否能够帮助教师有效地完成教学任务？在与学生的沟通中，教师的"教"与学生的"学"之间是否能够达到百分之百的信息传输？目前，大学英语教师与学生之间关系的矛盾主要可以分为以下三种。

（一）教师"一言堂"与学生主动性之间的矛盾

传统的英语课堂教学采用的是以教师为中心的教学模式。课堂上，教师传授知识，学生被动地学习，缺少积极思考和质疑的过程，更难以有机会运用所学语言知识进行交际活动，这使得英语课堂成为教师的"一言堂"。这种教学模式比较常见，很多学生在课堂上一直处于被动地位，在有限的课堂时间里没有充分体现主动性，学生的课堂参与度不高。这种矛盾导致教师和学生在教授和接受环节上出现脱节。

（二）统一教学模式执行者与学生个体差异之间的矛盾

教学大纲和详细的授课计划能够保障教学活动有条不紊地进行，也是对教师授课行为的约束。但在教学实践活动中，不同的学生存在着个体差异，这种差异包括学生的性格、情感、学习习惯、接受能力等方面，直接影响了学生的学习进度和学习效果。教师在教授知识的同时应该充分考虑到这些差异，针对不同学生采取不同的教学手段。然而，许多英语教师一味地按照教学大纲进行授课，这种统一教学模式忽视了学生的个体差异，不能有效突出学生的特点，使学生在学习过程中不能够充分发挥自身特点，从而造成学生学习兴趣的缺失。

（三）课堂教学主导者与学生实践能力之间的矛盾

教师要以国家规定的教学目的、计划去传道、授业、解惑，他们是国家教育、教学任务的执行者。因此，教师在某种意义上是课堂教学的主导者。然而，教师面对的是有思想、有感情的人——学生，没有学生参与的课堂在一定意义上是失败的课堂。

据统计，与发达国家相比，我国的大学毕业生整体实践能力较差，具体表现在课堂参与度、个人展示和演讲、文献查询和论文写作等方面。教师没有进一步培养和发展学生的实践能力，导致学生无法将课本知识成功转化为有效的工作实践能力。在这种情况下，许多刚步入社会的学生不得不根据实际工作需求重新学习和实践，这在无形中浪费了他们宝贵的时间和有限的精力。这充分说明了由教师充当课堂教学主导者的教学模式无法满足社会对于人才的需求。

二、学生主体性对大学英语教师角色的挑战

学生主体性是指在教育、教学活动中，作为主体的学生在教师的引导下处理同外部世界及自我的关系时所表现出的功能特征，具体表现为自主性、能动性、创造性。学生主体性能够顺应教育规律，有利于平衡矛盾双方权重，满足社会对人才的需求。学生主体性对大学英语教师角色的挑战包括以下三个方面。

（一）学生是完成教学任务的主体

学生主体性培养与发挥的前提是营造一个和谐的教育环境。一般而言，人们习惯于把教学任务和教师联系在一起，英语教师在有效的课堂时间内对教学内容

进行充分和完整的讲解，课后对学生进行辅导和作业批注，这样就会被认为是顺利完成了教学任务。这一思想是将英语教师摆在主体地位。然而，学生对于教师所授课程是否做到完全吸收和理解，对课后习题是否做到没有疑问，对于教师教学风格是否欣然接受，这些才是教育工作者应该思考的问题。因此，学生的满意度才是衡量教学任务完成与否的关键标准。英语教师只有充分认同学生主体这一观点，正确摆正自己在课堂教学活动中的地位，才能够顺应教育的基本规律，使自己的"知识输出"和学生的"有效输入"恰当地结合起来。

（二）学生的身心发展特点是英语教师教授行为的主导

每位学生的身心发展均不相同，虽然存在着统一的发展规律，但在具体发展环节也存在各自的差异和特点。

首先，英语教师应该掌握学生身心发展的普遍规律，做到使教授行为合理顺应该规律；其次，根据不同学生不同的发展情况和具体特征，英语教师应主动调整授课安排和计划，比如针对不同的班级，教师在授课时可采取不同的授课方法和提问方式。英语教师应该充分考虑不同学生的心智发展程度以及特点，分类别地安排授课计划，真正做到"因材施教"，从而顺利完成教学任务。

（三）学生的兴趣爱好及主观能动性是教学的参考

教育家陶行知先生说过："发明千千万，起点是一问。禽兽不如人，过在不会问，智者问得巧，愚者问得笨。人力胜天工，只要每事问。"大学英语教师如果只抱着自己的教案闭门造车，不考虑学生的兴趣爱好及主观能动性，其教学只能是千篇一律的重复和事倍功半的付出。

如果英语教师将所要传授的知识与学生的兴趣爱好巧妙而有效地联系起来，在课堂活动中充分考虑知识的扩展和牵引，那么苦闷的"一言堂"将会转变成积极而活跃的课堂。英语教师要尊重学生的个人兴趣爱好，这样才有利于师生的和谐相处，有利于搞好课堂教学，有利于提高教育教学质量，更有利于全面提高学生的素质。

三、大学英语教师课堂角色转变的方向

产出导向法作为具有中国特色的外语教学方法，受到了中国外语界的极大关注。产出导向法的教学流程分为驱动、促成和评价三个环节，并倡导"教师主导，学生主体"原则。由此可见，教师的主导作用贯穿于整个教学流程。

（一）从"执行者"到"策划者"

在传统的大学英语教学中，教师的角色是教学的"执行者"，需要亲自策划的任务较少，而产出导向法中教师的角色则更偏向于"策划者"。策划者的角色主要从驱动环节中得以体现，教师需给学生呈现特定的交际场景，并让学生尝试产出。文秋芳指出交际真实性、认知挑战性以及产出目标恰当性是评价驱动环节的标准。

教师的策划角色具体从两方面体现：第一，选择和呈现真实性的交际场景。交际场景不能脱离真实的生活以及学生现有的经验认识。第二，分析和判断学生现有的认知与英语语言水平，着重研究学生现有的英语交际能力，以此为基础选择对学生具有认知挑战性的交际场景、恰当的教学目标以及最后的产出任务。在促成环节中，教师也要根据学生的特点以及产出目标选择合适的输入材料供学生解码。传统的执行者角色已经不适合此项教学方法，教师首先需要根据学生的特点策划合适的资源呈现，其次在呈现的基础上，策划恰当的产出任务和产出目标，教师角色从"执行者"向"策划者"转变。

（二）从"中心者"到"引导促进者"

在传统的教学中，课堂往往以教师为中心，教师是课堂的权威，而在产出导向法中，英语教师向"引导促进者"转变。教师的"引导促进者"身份主要从促成环节中体现。促成环节包含3个主要步骤：①教师描述产出任务；②学生进行选择性学习，教师给予指导并检查；③学生练习产出，教师给予指导并检查。促成环节以学习为中心，学生作为主体投入输入性材料学习以及任务产出过程，教师通过指导和检查两项任务担当学生学习的促成者和引导者。教师需要对学生加工输入性材料的方向和结果进行引导，同时也要对产出任务进行评价。

传统的"教师中心"观念将教师视为中心角色，教师担任的是"主演"的角色，这使得学生在课堂上无法发挥其学习主体性。而在"产出导向法"模式下，教师主要起到为学生搭建知识"脚手架"的作用，学生通过"脚手架"的帮助来建构自己的知识体系，进而达成更好的学习效果。教师通过即时的指导和检查保证产出的效果，学习的主体仍然是学生。学生在学习中是"主演"的角色，教师是引导、促进学生达到更高知识水平的引导者和促进者。

（三）从"单一评价者"到"合作评价者"

在传统的大学英语课堂上，教师的课堂评价手段较为单一，主要采用以教师评价为主的方式，教师是单一评价者的角色。文秋芳强调，"师生合作评价"是产出导向法创设的新评价体系，教师应创设学生与学生、教师与学生合作评价的新评价体系。在"产出导向法"模式下，教师与学生一起对产出结果进行合作评价，学生在评价中检验和巩固学习成果，并进一步对学习成果进行升华，教师不再是单一的评价方，学生也不再是评价的被动接受者，学生和教师一样都是评价发起者。在评价中师生是合作的关系，教师角色从单一的评价者向合作评价者转变。

（四）"统一教学模式执行者"到"课堂活动组织者"

大学英语教师在课堂教学过程中，一定要注重理论与实践的结合。在课堂活动的组织上，教师要在遵守统一教学大纲和教学计划的基础上，根据不同班级、不同专业学生的情况进行教学。首先，英语教师在备课时要做到备教材、备学生，对于学生学什么、怎么学，以及教学材料的收集、内容的筛选、课堂活动的设计等，教师在备课时都应予以充分考虑，精心设计每一节课的每一个环节，将趣味性与实用性相结合。其次，在课堂活动中英语教师还应该努力营造轻松活泼的课堂学习气氛，使学生一改沉闷被动的学习态度，全身心融入课堂。

四、大学英语教师应对课堂角色转变的对策

（一）更新教育教学理念

教师的教育教学理念全程指导着教学，是教学行为的前提。为了适应课堂角色转变，教师更新教育教学理念是不可或缺的。根据产出导向法的特点，本书具体从教师观、学生观两个方面进行阐释。

1. 教师观

在"产出导向法"模式下，教师从传统的权威者向"策划者""引导促进者""合作评论者"转变。

首先，教师传统的单一化课堂角色向多元角色转变，教师身上有了多种角色的可能，不再是一元角色。教师应当在课堂中根据任务的需要、教学的需求扮演不同的角色。为此，大学英语教师需要明确课堂角色的多样性进而对课堂起到正面作用，使产出导向法课堂更加高效。

其次，大学英语教师需要树立为学生学习服务的理念。传统的"以教师为中心"的课堂已经遭到许多诟病。在产出导向法的指导下，教师的课堂角色无论是"策划者"还是"引导促进者""合作评论者"都是为学习者学习而服务的，教师不再是权威角色，而是走下讲台成为学生学习的服务者，为学生学习进行策划，促进学生产出任务的生成，最后与学生一起进行合作评价。

2.学生观

教师和学生在教学活动中扮演互动主体的角色。学生与教师在课堂中进行密切互动从而完成整个教学活动，两者在课堂中缺一不可。在"产出导向法"教学模式中，教师角色整体向策划者、促进者、合作者转变，教师需摒弃学生是被动的知识接受者的观念。学生是学习的主体，应积极主动投入学习，在教学过程中他们是驱动环节的知识渴求者，是促成环节的知识探寻者和知识运用者，是评价环节的合作评价者。值得注意的是，传统的课堂评价以教师评价为主，而师生合作课堂评价方式是产出导向法中创新的一部分。对此，教师需要树立师生合作评价的理念，认识到学生也是评价的一方，将评价环节变成师生互动的构成部分。

（二）构建师生合作关系

如今，教师与学生的关系仍然是教育的中心。在产出导向法中，教师的角色十分多元，教师需要与学生进行更多的交流、互动，师生合作的关系也将强化。教师需要构建良好的师生合作关系，创建师生合作的良好课堂氛围。

首先，师生应彼此尊重、相对平等，教师欢迎学生积极参与师生对话，学生也被合作平等氛围所吸引进一步加强与教师的对话。尊重和平等是合作关系的前提，而教师和学生之间的对话是否畅通决定了一切其他课堂关系的质量，也直接影响着课堂教学内容和教学活动的效果。

其次，教师精心策划流程，营造合作的良好氛围。促成环节和评价环节都需要师生合作，在这两个环节中，教师需要精心设计流程，让合作得到凸显。

最后，教师应根据学生特点和课堂实际教学情况，将合作关系层层推进，构建平等的课堂师生关系。

（三）教师自我反思与学习

自我反思与学习是教师不断进步的动力。在产出导向法中，多元的角色要求教师不仅要策划驱动环节，同时也要保证促进环节和评价环节的实施。驱动环节要求教师呈现真实的交际场景，促成环节则需要教师提供恰当的输入材料。这就要求教师拥有在信息爆炸的时代中挑选合适教学资源的能力，教师应有独到的挑选资源的眼光以及良好的信息技术素养，不断学习如何在信息时代挑选教学资源，并在充分了解学生学习水平的基础上对材料进行改编。

同样，促成和评价环节也对教师提出了较高的要求，如何在学生产出时提供适当的指导以及如何引领师生合作评价，都是教师需要进一步学习与思考的，教师需要不断学习、不断提高自身能力。

第二节 大学英语教师课堂话语能力

一、大学英语教师课堂话语的定义与特征

（一）话语的内涵界定及发展

话语是人类进行沟通和交流的有效工具，同时也推动着人类社会的进步与发展。对于"话语"一词的定义，鉴于以往的研究目的与手段不同，也有着各不相同的说法。法国著名的思想家福柯总结出话语的三层定义：①能够对现实事物产生实质影响的实践性言语为话语，也就是说话语是对现实的一种陈述总结，没有明显的界线；②对特定聚集体进行的有条理说明的叙述性言语；③在学术界颇受认可的一种观点认为话语是一种有规律可循的社会实践，所折射出的深层含义为话语所蕴含的文化意识形态。由外语教学与研究出版社 2005 年出版发行的英国学者理查兹所作的经典图书《语言学辞典》对话语有如下的解释："话语是语段的有意义组合与使用，在使用对象上包括个人的独白以及在相应的社会和语言情境下多人的交流，同时也可仅代表一种语言的符号标志。"

综上不难看出，对于话语的定义并不只是停留在语言表面，而是强调在一定的情境下体现出的社会意义。本书采用语言学家对话语的界定"话语建立在人与社会的联系之上，体现在利用语言进行交往、思考和行动之中，通过话语人们可确认自己是否融入社会群体"。语言学习理解的过程还包括掌握社会语言，如物理、化学、艺术学和法律等。

（二）话语分析的内涵界定及发展

在近现代的人文社会科学的相关研究中，语言所占的比重逐年攀升。作为语

言科学研究的中心，话语分析成了目前人文科学领域关注的焦点。话语不仅仅是传递知识、思想等的工具，在话语研究中人们更为看重的是语言的使用方法和途径，即把语言看作社会交往、实践的方法、形式，在交往过程中通过具体的语言体现出特定的社会情境和关系。相关研究者提出"话语不仅是作为人与人之间传递信息的工具，同时也反映出其对周围社会环境的态度和对社会关系的理解"。综上可知，若要对话语的意义和作用以及暗含的深层次社会关系进行研究，有必要探查一定语境下的社会背景和相互关系。

学界对于话语分析的研究始于20世纪60年代，最早是由语言学家哈瑞斯于1952年提出来的，当时发表在语言学杂志《语言》上。20世纪70年代之后，福柯在对话语分析进行专门研究时总结出话语具有偶发性、历史性和权力性的特点，在人文社科领域具有重大的影响力。进入20世纪80年代，"话语分析"开始冲出语言学的桎梏，并引起了其他学科的广泛关注，因此也被更多地应用于其他学科领域的研究中：①社会学研究，包括目击者证言和虚伪的独白会议、行动研究以及个人或他人的自传研究等；②语言学研究，包括对话语的外在行为、发话时体现的功能、会话等的研究；③心理认知研究，包括对特定情境下的对话、认知偏好、课堂沟通的具体类型等的研究；④界面研究，包括对以手机、电脑、平板等为媒介的网络通信条件下的话语和对话研究。话语分析不再仅仅局限于语言沟通的研究框架，其与社会文化的认同和社会阶层关系有了更深入的联系。

进入21世纪，越来越多的研究者开始关注并以质性方法开展话语分析，李悦娥在《话语分析》一书中提到，"话语是用来实现交际目的的行为表现，既可以是书面的，也可以是口语的"。张发祥等对话语分析的方法进行了科学的分类，包括以下五种：①社会文化分析法，强调在交流过程中社会环境的重要性，话语突破了原有的桎梏而成为一种社会行为，更加注重其社会功能；②结构分析法，注重对构成话语的规则、条件以及话语本身的结构性进行研究；③认知分析法，强调话语在个体认知发展中所占据的重要地位，从而了解人们对话语的掌握情况；④批评话语分析法，重点在于确定相应话语的析出背景，认为其受到文化、政治体制和社会阶层关系等的影响；⑤综合分析法，包括且不限于使用以上两种或两种以上的方法进行综合分析。

21世纪以来，由于相关研究方法如叙事研究、行动研究以及认知科学等理论的发展，课堂话语研究的方式开始发生转变，更多的关注点在于课堂中师生话语之间的意义建构与生成，越来越多的研究者开始以质性研究的方法开展"课堂话语分析"的相关研究。

（三）教师课堂话语的定义

作为外语学习者进行目标语输入与输出的重要场所，英语课堂中教师所使用的话语会直接影响学生对英语的掌握程度。最早对教师课堂话语进行研究的代表人物有克拉申、埃利斯等。克拉申认为教师课堂话语可以为二语学习者提供丰富的可理解性输入，有利于加速语言习得的进程。

克拉申在此定义中强调了教师课堂话语的输入功能，没有提及教师课堂话语的其他如组织教学的功能。由此得知教师在课堂教学中最重要的就是要为学生提供可理解性的语言输入，以促进学生的语言习得。埃利斯认为教师课堂话语是在课堂中使用的用于组织课堂和传授知识的一种特殊语言，并且具有交互性。他强调教师话语的交互性以及组织课堂与传授知识的功能，认为教师与学生的语言互动有利于加速学生的学习进程。努南称教师课堂话语是教师用于执行教学计划的工具，同时也是学生语言输入的一个重要来源。

教师话语可以为学生的语言学习提供语料，所以教师更要时刻关注自己的课堂语。在《朗文语言教学及应用语言学辞典》中，理查兹等人把教师课堂话语定义为教师在教学过程中使用的一种语言变体。为不妨碍交流的流畅性，增强学习者学习英语的获得感，教师会在教学中简化自己的语言，给予学生具有外国人话语特征的以及其他简化形式的语言，以使学生能更好地理解所运用的目标语。

国内学者林汝昌认为教师话语是一种新的简化语言语域，是在保姆式语言和外国式语言的基础上发展起来的。这三者都属于简化过的语言，但这三者的侧重点不一样，教师话语主要针对学生，保姆式语言主要针对儿童，外国式语言主要针对成年人。此定义强调了课堂环境中的情境性，指出了教师话语是根据课堂情境进行变化的语言，虽是简化的，但却相对规范，并且与教师日常生活中所使用的话语有所不同。

在二语习得领域，根据不同的内涵可以形成不同的教师话语特征，其特征之一就是形式特征。形式特征是指教师将话语简化形成一种"简单代码"，以使二语学习者更好地掌握语言，并能运用这种语言进行交际。这一内涵也强调了教师话语为学生提供可理解性输入的重要性。当教师话语具有功能特征时，教师话语被视为在二语课堂中用于组织课堂教学、协助学生完成课堂活动的一种教学手段。这一特征就与形式特征的内涵有所不同，功能特征强调教师话语在组织管理课堂、保证教学顺利进行方面的作用。但是单纯强调哪一方面都是不准确的，因此在谈论教师话语的特征时，一般包括形式特征和功能特征。

国内学者邓研祯认为教师话语是在课堂内外对学生进行知识传授和道德培养所使用的交际工具。他既指出了教师话语作为语言输入来源的重要作用，同时强调了教师话语的交际功能。

国内研究教师话语的程晓堂认为"英语教师课堂话语就是英语教师在组织和实施英语课堂教学时产生的话语，其中主要是英语，也包括母语"。他在此定义中明确了教师话语的主要功能，除此之外他还提出了教师课堂话语的基本特征——真实性、互动性、逻辑性、规范性。此定义被广大学者认可，其基本特征也成为许多学者分析研究的对象。

（四）教师课堂话语的特征

因为教师所处的环境、所面对的对象不同，因此教师话语有自己的特征。戴炜栋指出教师话语具有双重特征，即形式特征与功能特征。形式特征认为教师话语是一种"简单代码"，为学习者提供可理解的输入，帮助学习者发展语言交际能力。这个特征与形式层次有关，如句法、语音和语义。功能特征认为教师话语是一种组织和监控课堂、辅助教师完成教学的手段。涉及对形式特征的研究时，人们关注的是教师话语作为语言输入在语速、停顿、重音以及词汇、句法和语篇方面所做的调整。涉及对功能特征的研究时，人们更注重的是教师话语的话语量、提问方式、互动方式以及反馈方式。

邓研祯强调了英语教师话语的独特性，他不仅概括了一般教师话语都具有的普遍特征，而且还专门分析了针对英语学科教师的话语特征，认为英语教师话语更简化，更易于学生输入。由于英语课堂的特殊性，因而英语教师课堂话语的质量也有更高的标准。

刘学惠从课堂二语习得的角度将教师话语特征分为语言特征和会话互动特征。语言特征指教师提供的语言输入必须要是学生易于理解的，即教师要放慢语速，延长等待时间，运用夸张的发音，说话要清晰有力；要多使用简单的词汇，减少使用复杂的词汇以及短语的频率；相对于冗长复杂的从句，教师应较多使用短句或简单句。会话互动特征集中体现在对教师话语量、提问方式、互动方式、反馈方式的关注上。

纵观对于教师课堂话语特征的研究，研究者发现各学者对于教师课堂话语特征的分析主要集中在对功能特征的关注上，即主要分析教师课堂话语的话语量、提问方式、互动方式、反馈方式四个方面，国内关于这一特征的分析较为成熟。

但是对于教师课堂话语的形式特征进行分析的文献较少,因此未来研究可以集中在这一方面。

二、大学英语教师课堂话语能力的构成

(一)有效语言输入的能力

大学英语课堂的特别之处在于课堂媒介语与目标语的一致性。一方面,教师话语是学生语言输入的重要源泉,教师应充分利用语言资源促进学生的学习过程,选择适合学生水平的词汇、语法,避免不常用的俗语、俚语或方言变体,做到发音清晰、放慢语速、提高音量等。教师课堂话语的准确性、流畅程度、主题的连贯性与相关性以及意义表达的清晰程度等因素,也在很大程度上影响着语言输入的质量,是课堂话语有效性的重要指标。另一方面,教师课堂话语还肩负着营造真实的交际环境、促进学习过程的交际功能。教师话语的交际特征体现在提问类型、反馈方式、话语修正和意义协商等方面。教师在互动中过分看重语言形式而非话语内容、等待时间过短、严格控制话轮等行为都会使课堂交际显得不真实。以建构意义为目的的互动应尽可能体现真实交际的特征,只有真实的交际环境才能促进师生间的意义协商,从而帮助学生进行知识的建构。

(二)建构学习空间的能力

学习空间是"师生为达到某一具体教学目标而构建的互动的可能性",建构学习空间是指创造一种学习条件,使学习目标进入学生的视野,让学生观察到或意识到要学习的新知识。当教师在为采用何种教学法或教学设计而煞费苦心时,必须考虑这种安排或设计能为学生创造多大的有效学习空间。在大学英语课堂中,与学习空间的建构最相关的是话语过程和话语建构。可见,建构学习空间的能力很大程度上体现了教师的课堂话语能力。作为最典型的课堂话语,提问是促使学生思考的驱动力,是为学生创造学习空间的好办法,常被教师用来集中学生的注意力、促进学生参与、引导学生话语产出等。教师的提问能力在于能否选择与彼时教学目标相匹配的提问类型。例如,考查与课本等教学材料相关的旧知识时,教师大多采用展示性问题,话语结构以传统的 IRE 序列为主导。此类问题对学生的认知要求较低,不创造什么学习空间,但此时的教学目标是考查旧知识,因而该问题类型及话语结构与教学目标相一致,是合适的。

在学习新知识时,课堂教学目标变为促进学生的知识建构和发展其话语能

力，教师若过多采用展示性问题和 IRE 话语结构则会使课堂交际生硬、机械，学生缺少话轮转换、话题发展、意义协商等机会，此时，教师的问题类型和话语过程便与教学目标产生偏离，很难为学生创造学习空间，不利于教学。

许多课堂话语的研究学者都建议教师多使用参考性问题，而非专注于那些有确定性答案的问题。参考性问题更接近真实自然的话语模式，更有利于师生间的"在线"意义协商。学生形成答案的过程是其厘清思路、理解学习内容的过程，教师通过填补话轮、延长话轮、避免打断、延长等待时间等话语策略促进学生的话语参与和理解性输出，从而实现学习空间的最大化。

在反馈上，具有较强话语能力的教师往往并不简单接受学生回答，而会利用引导性反馈或内容反馈对学生的话语产出进行"塑造"（如确认核实、请求澄清、修正词汇、重新表述或引导学生拓展话语甚至由学生自主提问等），以提高学生话语的输出质量，拓展学习空间，最终促进学生的知识建构。

（三）话语的调节能力

1. 对学生的调节

首先，教师利用话语提高学生的参与度，调动学生参与课堂交际的积极性。交互式、任务型等教学模式主张教师通过"导入"激活学生的相关背景知识，利用多模态的资源创设语境、调动情绪。产出导向法却主张学生通过"产出任务"发现自身的不足，从而主动产生交际需求。无论何种教学方法，学生的兴趣和交际动机都需要教师课堂话语的调动。

其次，控制学生的焦虑感、挫败感。大学英语教师常遇到学生由于紧张、焦虑而无法开口的情况。有经验的教师会通过延长等待时间、改变提问策略、接受多样答案、安排小组合作等互动策略来缓解学生的焦虑感。课堂交际中学生的挫败感还有一部分来自教师的纠错。对错误的反省是学生有效学习和认知发展中不可缺少的部分，但过多直接纠错或过分重视语言形式而忽略话语内容会抑制学生参与互动的积极性。究竟哪些错误需要纠正、由谁纠正、如何纠正便取决于教师的话语协调能力。

2. 对任务的调节

（1）任务难度的调节

威利斯从语言教学的角度将任务分为两类：一是"关闭型任务"，以教师的指导和传授为主导；二是"开放型任务"，以学习者自己的主动性和创造性为主导，能为学生提供更多的信息交换、思想表达的机会。对学生而言，开放型任务中的动态任务（比如讲故事）比静态任务（比如描述一个表格）难度大，而最难的是抽象任务（比如表述自己观点）。对不同英语水平的学生，教师可以选择不同的任务类型，但教师对任务难度最主要的调节在于通过提供语言支架来帮助学生完成原本无法完成的任务。提供"支架式"帮助是教师课堂话语的重要功能，它要求教师首先把握学生的已知知识，然后围绕任务搭建"支架"，为学生提供"最近发展区"的概念框架。教师可通过分解任务、减少完成任务所需行动数、减少提供内容、语言、结构等方面的指导与协助，使学生自己沿着"支架"逐步攀升，最终完成对复杂概念的意义建构。

需要注意的是，教师的话语支架对学生的认知和话语能力发展并不总是积极的，有时是无效或者低效的。当学生完成任务遇到困难时，教师可能会采用分解问题、转化问题类型或填补空缺词等语言支架来降低任务难度，但这些策略可能会将学生的注意力从内容转移到句法或词汇，把对学生的认知要求降到最低，缩小他们探索多种可能的空间，这反而无法促进学习的有效发生。

（2）任务过程的调整

任务的实际进程往往与教师课前的任务计划不一致，经验丰富的教师会利用动态的课堂环境适时调整任务步骤和话语策略。例如，上课初始学生在教室里打闹，有的教师会利用这个事件临时调整课堂导入，将这种真实的交际情境与课堂任务联系起来；课堂提问时有的教师会利用现场学生间的互动调整全体学生的情绪，引导全体学生的思路。教师能否基于动态的课堂环境因素而对任务进程做出适时调整，这也体现出他们的课堂话语能力和教学水平。

三、大学英语教师课堂话语能力的发展途径

（一）提高课堂话语意识

如果说语言以一定方式和结构影响了我们的认识，那么我们有必要了解语言是怎样结构化的，即语言是以怎样的方式组织起来影响人们的认识的。在课堂教学中，这意味着教师应关注课堂话语、互动和学习之间的复杂关系，对自己的课堂话语有更多的自我意识，包括话语的教学目标、结构特征、对学生知识建构的作用等。有针对性的培训可以有效提高教师的课堂话语意识。

理查兹研究发现，通过培训，教师可以提问出更有利于促进学生学习的问题。约翰逊发现对教师课堂语言培训的项目提高了他们使用语言的意识，进而提高了学生的互动参与度。提高课堂话语意识是教师发展课堂话语能力的重要前提。

第五章 大学英语教师课堂教学

（二）表达信念

课堂话语不仅是学生内化知识、协商意义的过程，而且也是展示教师知识、理念和经验的过程。在这个过程中，教师对课堂话语及策略的使用融合了个人对语言、情境、学生、学习、教学甚至整个学科知识的理解与看法。这些因素被格拉韦斯归纳为一个表达信念的框架：语言信念、语言的社会环境信念、学习和学习者信念以及教学信念。这个框架对教师审视自己的课堂话语决策很有借鉴意义。在实际教学过程中，教师往往并不被要求表达自己的信念，甚至没有表达的机会，然而越是了解自己的信念就越容易做出话语决策，至少知道为何要做出这样的决策。是否能将自己的信念表达清楚对教师课堂话语能力的发展具有重要意义。

（三）反思话语行为

自1983年唐纳德·舍恩提出将反思作为教育者的职业发展途径以来，反思已成为教师教育和发展的基本原则。然而，多数外语教师教育与发展项目仍然没有意识到课堂话语研究是一个教师反思教学的有效途径。教师要提高课堂话语能力，最重要的途径便是成为自己话语行为的研究者，转变身份成为教师研究者。

教师进行反思需要研究驱动知识和经验知识，前者主要依赖于教师对自己课堂数据的收集与分析，而作为一线工作者，教师也有足够的经验知识成为自己教学实践的研究者。沃尔什建议教师发展元语言来分析自己课堂话语的数据，他提出的SETT-RP循环（教师话语自评-反思）为教师反思并研究自己的课堂话语提供了有效工具。沃尔什还倡导教师通过专业对话和行动提升话语效果，以此来促进教师发展。教师应运用这些知识审视和分析自己的话语行为，学会记录和描述自己的话语过程，通过自省和团队交流的方式优化自身的话语行为，这也是教师建构个人课堂话语能力的重要途径。

第三节 大学英语教师课堂提问

一、课堂提问相关研究

努南认为，课堂提问是课堂教学的必备环节，也一直是一个被语言教学所关注的焦点。在中国古代，课堂提问的相关研究就被教育者所重视，其中最有代表性的是孔子所提倡的启发性教学原则；而苏格拉底的问答法则是国外最早关于课堂提问研究的萌芽。显然，二者都强调提问在教学中的重要性。

（一）国外课堂提问研究

自史蒂文斯展开对提问的研究后，国外对于提问研究展开了大量的实验，并取得了丰富的成果。国外课堂提问主要研究了提问目的、提问技巧、提问策略、提问在批判性思维中的作用等方面。

1. 提问目的研究

通过课堂观察可以得知教师课堂提问的具体行为，但是对于教师的提问目的却不能直接通过观察得知。佩特和布莱沫对 160 名小学教师进行调查，结果显示，大部分教师认为提问的目的是诊断和回忆，只有百分之十的教师认为提问是为了激发学生进行高水平的思维。凯瑟琳·柯顿总结到课堂提问的目的主要有培养兴趣并激发学生积极参与课程、评估学生的准备情况、检查作业或座位完成情况、培养批判性思维能力和询问态度、回顾和总结以前的课程、评估教学目标的达成情况、鼓励学生自行追求知识等方面。

2. 提问技巧研究

提问技巧研究的主要代表学者有艾丽莎·克里特利、拉切尔·詹杜姆和威廉等人。其中威廉对前人关于提问技术的研究进行了汇总，他总结的八个提问技巧分别是设计标志教学结构的关键性问题、避免模糊提问、问题符合学生的认知规律、循序渐进地提问、实际多水平地提问、对学生回答进行追问、给予学生足够的等待时长、鼓励学生参与问题。艾丽莎·克里特利通过课堂实验证明了教师的提问技巧影响着学生参与课堂的积极程度，认为在课前提出导入性问题是必不可少的，教师增加学生的等待时长后，学生能更好地回答问题，且问题的设置应在学生的最近发展区内。拉切尔·詹杜姆通过对 15 名非母语的本科生进行调查，发现提问技巧能够帮助学生提高口语交际能力，增强他们学习英语的积极性。

3. 提问策略研究

高效的提问一定是有策略有组织的。有学者探索了两种提问策略在课堂中的使用。两种提问策略包括苏格拉底式方法以及传统公立学校 EFL（英语为外语）学生的传统方法。结果表明，尽管苏格拉底教学法具有不可否认的作用，能促使学习者"挑战假设，揭露矛盾并产生新知识和智慧"。但由于缺乏适当的提问策略，EFL 教师忽略了这一点。他们倾向于提出有明确答案且不超出本课内容的问题来吸引学生。彼得·麦卡锡对两名中学教师的课堂提问策略进行了研究，其中

"教师提问策略"是分析数据的基础。该研究结果表明,通过分析指导教师(职前和在职)在课堂上所提出的问题和从学生那里得到的答案,可以使他们准确认识到课堂上的有效和无效提问方法。

4. 提问在批判性思维中的作用研究

阿施纳指出,提出问题是"教师激发学生思维的基本方式之一"。冈萨雷斯以一所英国中学为研究对象,对课堂笔记进行了定性分析,并对12名学生进行访谈。研究表明,学生在课堂教学中并没有机会去组织自己的思维来回答问题,教师不恰当地提问,不利于发展他们的批判性思维,教师也不能真正掌握到学生的学习状态。他提出在第二语言和外语环境中采用以学生为中心的方法将更有利于发展学生的批判性思维能力。阿尔梅达致力于研究中学教育中批判性和创造性思维的发展,通过对5名不同学科教师及其56名学生进行提问研究,试图调查教师和学生的提问在课堂互动中的作用,以了解课堂提问模式与教学策略之间的关系。结论显示,教师可以质疑和批评教学策略是否符合教师的人格特质,是否基于课堂内容和目的,以及是否与学科相关。

(二)国内课堂提问研究

教师的提问研究主要包括有效课堂提问的概念、提问的策略、提问的技巧、提问现状的研究。关于课堂提问与教师信念相关性研究则是在近年出现的。

1. 有效课堂提问的概念研究

对于有效课堂提问的概念研究较多,代表人物有赵敏霞、王雪梅、洪松舟、李明等人。赵敏霞认为有效的课堂提问能够真正落实新课程目标下知识与技能、过程与方法以及情感态度与价值观三个方面的整合,并总结出有效提问的特点:利于师生有效互动、实现教学目标、全面服务于学生的学习过程。王雪梅认为有效提问具有两个特征:一是提出的问题有效,二是提出问题的策略有效。而有效性没有一个具体的标准,因此也需要结合课堂深入探讨有效提问的具体特点。

2. 课堂提问的策略研究

在课堂提问策略研究方面主要有杨雪燕、李媛媛、赵艳芳、尉万传等人。杨雪燕对英语教师的提问策略进行了分析,通过对一名优秀的高校教师的课堂提问进行话语分析,得出了英语教师课堂提问的策略主要有:课堂提问的人际策略能提高学生参与课堂的积极性,避免学生紧张;课堂提问的逻辑策略能引导学生深入分析问题,并能够增强课堂活跃度;课堂提问的谋篇策略便于学生深入理解问题并回答问题。高佳认为提问的策略主要在于把握提问时机、设计有层次的问题、留给学生合适的等待时间。李媛媛等人则提出了基于学习力的课堂提问策略，首先，提问的问题一定要具有启发性；其次，提问的内容要讲究有效，提问的方式讲究灵活性；最后，在推进提问时注重提问的逻辑性与层次性。

3. 提问技巧研究

何秀贤认为课堂提问技巧能够增强教学效果，课堂提问应先合理科学地设计问题，其次避免提问形式单一，再是把握好课堂提问时机，最后全面公平地选择分配对象。武凝秋则对大学英语听力的提问技巧进行了研究，分别从启发性、练习性、复习性等方面强调大学英语听力课的练习技巧。王芳林认为有效的课堂提问所应具备的技巧是提出更少的问题、提出更好的问题、提问要有深度、提问要有广度、使用等候时间、选择学生、给予有用的教师反馈，当然最重要的是教师要把知识和美德融入课堂教学中。

4. 课堂提问的现状研究

对于课堂提问现状的研究以实证研究为主，涉及的对象既有基础教育也有高等教育。叶小璐对小学语文的课堂提问现状展开研究，发现学生方面的影响因素主要有提问心理障碍、提问技能障碍、缺少回答机会三方面，而教师没有与时俱进地学习专业，迫于教学压力，课堂提问形式化了。张小琴对初中数学课堂的现状展开了研究，结果发现，初中数学课堂提问存在提问的质量较低，且教师不注重启发学生回答问题，没有及时反馈且问题表述不明确等问题。孟瑶对高中历史课堂提问现状进行了研究，发现教师提问方式没有启发性，没有结合学生的认知规律，没有公平地选择回答对象，课堂提问后没有进一步展开历史教研活动等问题。

二、大学英语教师课堂提问行为的要求

（一）提问类型

英语核心素养语言能力培养目标的实现，不仅需要教师在学生的英语听说读写技能方面给予足够的关注，同时还需要教师兼顾培养学生对英语语言的深层理解、逻辑分析、综合应用以及对英语表述和观念的评价判断等思维能力，故而教师在课堂提问中既要注重学生的技能提升，又要注重学生的思维提升。

其一，英语技能主要包括英语的听说读写基本知识的记忆与运用，是学生英语学习进一步提高的基石，更是教师培养学生英语语言能力不可忽视的关键所在。基于此，在课堂提问中，教师应该设置相关问题对学生的基本知识和技能进

行一定程度的考查和监督，确保学生对知识有全面的掌握和灵活的运用。

其二，英语思维主要包括与英语学习紧密相关的逻辑分析、批判辨析、创新应用等能力，是学生从理解、吸收知识到学以致用整个英语学习过程都不可或缺的抽象学习能力。因此，教师应在课堂提问时设计逐层递进的问题，通过引导学生横向辨析和纵向串联概念深度解读和分析句法逻辑，综合使用并输出知识等提问行为和方式，促进学生对知识的掌握从机械记忆到深度了解的根本转变，提升学生的英语思维品质。加里·鲍里奇在其著作《有效教学方法》中，将教师课堂提问问题分为识记型、理解型、应用型、分析型、综合型、评价型六种类型。

基于此，以加里·鲍里奇的问题类型维度为基础，从英语学科的特征以及英语核心素养的要求角度出发，将基于英语核心素养的大学英语教师课堂提问类型分为技能提升型和思维提升型两种。其中技能提升型问题包括词汇对话听辨提问、口头口语表达提问、单词句段读译提问三个对学生英语听说读写语言能力进行监督和培养的具体提问方向。而思维提升则包括深层理解的提问、逻辑分析的提问、综合应用的提问、判断评价的提问四个对学生英语语言抽象思维能力进行考查和培养的具体提问方向。

（二）提问内容

教育部提出英语核心素养概念的根本目的在于促进学生的英语相关知识、能力、品格全面发展，基于此，确保课堂提问内容的全面覆盖性，是教师通过提问行为实现英语核心素养培养目标的关键之处。从以课堂提问促进核心素养的培养这一目标出发，并结合英语学科的内在维度，英语教师课堂提问内容囊括英语基础知识、句法篇章、文化意识三个方面在内。其一，英语基础知识方面包括词汇词组识记提问、语法句式辨析提问两个方向。其二，英语句法篇章方面包括高级语法的分解提问、文章思想概括的提问、上下句段逻辑的提问三个方向。其三，英语文化意识方面包括文化习俗知识的提问和文化观念评价的提问。

（三）提问过程

由建构主义得知，知识的生成不是由教师机械灌输而得的，而是学生在原有知识和经验的基础上对新知识进行吸收、消化、建构的动态过程。基于此，可以将基于英语核心素养的大学英语教师课堂提问过程划分为思路回顾型和思维发散型两种具体追问方向。

其一，思路回顾型追问是指教师在学生回答之后，对其思考解答过程的追问，指教师积极引导学生对思路进行回顾和推理分析、梳理答案来由的追问方式。其不仅能使学生切实参与思考知识的生成步骤，利于教师以此来减少学生对"填鸭式"教育的依赖，培养其生成知识的主动意识，而且还可以通过这一反思校对的过程锻炼其逻辑和思考力。

其二，思维发散型追问具体包括答案创新性和多样性两种追问方向，指教师在学生回答问题之后，积极引导学生进行充分思考，从而去寻找同一个问题的多种答案或者与众不同的答案，并在此过程中，横向对比分析不同答案之间的异同点，以此培养其多角度看问题的发散性、创新性思维能力的追问方式。

（四）提问反馈

美国心理学家、行为科学家斯金纳提出的强化理论认为，强化是伴随行为之后以有助于该行为重复出现的、增强概率的事件，即如果一个操作行为发生之后，给予该行为一个强化刺激，那么其发生的概率就会增大，行为的关键在于操作以及强化依随。强化有利于学生在情感态度层面具备积极的英语学习兴趣和持续的学习动机，在学习过程方面能够形成有效的学习方法和策略，能够对学习方法的使用过程和结果进行监控和评估并做出有效调整。

首先，在大学英语课堂上，教师应通过给予学生强化性反馈，达到刺激并维持学生的回答行为、提高学生的课堂关注度和互动积极性、培养其在英语学习情感态度层面的良好动机和兴趣的目的。其次，教师可通过开放性的反馈方式，鼓励学生积极主动学习并在此过程中形成恰当的学习方法和策略，以及对自身学习过程进行监控、评估并做出调整等，促进其学习能力的培养。

三、大学英语教师课堂提问的策略

（一）合理设计问题

学生的英语水平存在着个体差异，这就导致了他们在输出英语和接受英语的质量及数量上也存在着不同，研究表明在大多数的英语教学课堂提问中提问者是已经知道答案的，这类问题属于"展示型"问题。事实上教师可以多提一些"参考性"问题，即提问者是不知道这些问题的答案的。有关学者通过进一步的研究发现"参考性"问题的提出会让那些英语水平相对薄弱的学生产生忧虑感，因为这些问题要求更高的英语语言能力。相反因为这些"参考性"问题所涉及的词汇语言更靠近生活实际，让那些英语基础相对较好的学生有机会将本族语和英语联系起来，对语言输出有很大的帮助。为了让学生能够保持输出英语的热情和积极性，大学英语教师在设计问题时就要结合学生的英语水平，进行合理的设计。

（二）灵活把握提问时间

"等到时间"是指教师在提问之后停顿的这一等待过程。通常的停顿时间在三到五秒之间，当然这需要结合学生的反应情况和题目的难易程度而定。在停顿时间里，教师可以环视周边学生，对那些紧张、茫然和困惑的学生给予鼓励和支持。在这个短暂的等待时间里切不可追问或是重复问题，学生在思考的过程中需要保持情绪平和，思维过程也需要绝对的安静。如果学生的思考时间达到了一到三分钟，却还是没有反应，教师就可以考虑对问题稍微修饰或是采用相对通俗的提问方式，使问题难度降低再加以追问。这样是为了让课堂氛围有所缓和防止挫伤学生的自信心，让课堂步调不受影响可以正常进行下去。

（三）合理给予反馈

课堂提问有助于完成生生互动和师生互动这一过程，这也是其最大的意义所在。教师提问可以考查一个学生的知识掌握程度，也是教师对学生的一种期待。这时教师的手势语交流和话语鼓励都会让学生倍感信心，使学生的思路畅通、语言更为流畅。反之如果老师神情紧张或是漫不经心，则可能导致学生产生负面心理，让课堂提问变得毫无意义。

第四节　大学英语教师教学能力发展

一、大学英语教师的教学瓶颈

大学英语课堂是学生了解世界的窗口，同时更是学习如何向外国友人介绍中国的重要途径。然而，过去的大学英语课程以培养学生的英语综合应用能力为主要目标，教师在课堂上更注重语言知识和技能的提升，有时忽略了情感价值目标的实现，大学英语课程的德育功能弱化。

（一）学情把握不准，学生学习积极性不高

一些大学生的学习主动性较差、自我约束能力较弱，这就需要大学英语教

师准确把握学生学情。然而部分大学英语教师对学生学情把握不准，具体体现在教师面对不同系部、不同专业的学生，使用的是同一套教学课件或者教案。其导致的结果是英语基础较好的学生会感觉课堂知识容量小，教师讲授的内容不能满足其需求，学生课堂活动参与度不高；英语学习基础较差的学生感觉跟不上教师的进度，听不懂，没有获得感，课堂活动参与度也不高。课堂的育人功能发挥受限制。

（二）教学内容失衡，母语文化严重缺失

中国正在稳步朝着 2025 年世界制造强国目标迈进，中国制造的产品、中国的先进技术等不仅惠及我国，更要向世界分享。然而，大学英语课堂教学内容偏向外国文化的学习和介绍，较少出现中国历史文化人物及先进产品的介绍，从而导致母语文化失声的现象。只有外国文化的输入，缺乏中国文化输出的大学英语课堂不利于培养学生跨文化交际的能力，更不利于发挥课堂育人功能。新时代的大学生是中国特色社会主义事业的建设者和接班人，致力于将中华优秀传统文化和快速发展的中国介绍给世界，讲好中国故事，让世界更好地了解中国。

（三）教学手段单一，学生参与度不够

近年来，随着信息化教学的大力倡导和推广，高校教师认识到信息化教学的重要性，在课堂教学中运用信息化技术手段来辅助课堂教学。然而，有些教师片面强调信息技术手段的作用，存在信息技术手段运用不恰当或者过度依赖信息化技术手段的问题，不仅没有发挥信息化教学的优势，反而影响教学效果。信息化教学手段运用应该为优化课堂教学服务，适用为主，实用为度。

目前，大多数大学英语课堂的教学辅助设备包括多媒体、黑板、悬挂屏幕及音响等，这远不能满足学生对大学英语课堂的期待。虽然教师花费大力气讲授知识和技能点，但是学生兴致不高、参与度不够。大学英语课堂上单一的课件讲解无法调动学生的学习兴趣，这会使课堂教学效果受影响、育人功能发挥受限。

（四）教师使命感不强，育人意识较薄弱

习近平总书记指出，坚持将立德树人作为教书育人的中心环节，要将思想政治教育工作贯穿教育的全过程，从而使各类课程与思想政治理论课同向同行，形成协同效应。大学英语课程是大学生学习向世界讲好中国故事的主阵地。然而，

在实际教学过程中教师由于使命感不强、认识不足、文化素养不够、育人意识薄弱等原因，往往更注重知识和技能的传授，忽视了育人的职责。

二、大学英语教师教学能力发展策略

（一）合理定位教学能力评价标准

在"以教学发展为主"的原则指导下，学校应参照"金课"的"两性一度"标准，充分发挥评价对教学的诊断与导向性作用，将教学能力评价指向教学，制定符合学校发展定位和人才培养目标的大学英语教师专业标准。针对不同阶段的教师专业标准，在具体实施中要采取不同的教学能力评价指标。

教学能力评价指标体系应突出对教学目标、教学内容设计与实施、教学组织、评测体系等核心能力的评价比重，将课程的基本要素纳入对于评价价值指向、评价方法选择、评价主体确定及结果运用等维度的综合考量之中，围绕教育各方面的特点和关注点，对教学各环节进行评估，提高评价指标的科学化和可行性。过程性、形成性评价方法关注教学实践中教师表现出的教学能力，按照课程标准采用相应的评价手段收集信息，合理运用评价结果，帮助教师及时掌握教学中存在的问题。教师根据评价反馈调整教学策略，促成教、学、评价等环节的有效契合，促进教学改进和学生学习的进步。

（二）强化英语教学学术观

教学与科研相统一将促进课程的内涵式发展，提高人才培养质量。教师要与时俱进，更新教学理念，善于研究教学，充实与更新知识储备，完善教学实践理论和教学策略，探究如何更有效地传授知识和提高教学质量。这与博耶提出的教学学术思想高度一致，即强调"深入理解教学内容，在教师的理解和学生的学习之间建立桥梁，刺激学生主动学习，超越知识传播，不断改造和扩展知识"。教师既是知识的创造者和传播者，也是学者，教学学术是一种传播的学术，蕴含相互联系的要素：①反思教学实践和学生学习；②开展基于教学实践的同行交流；③将反思交流形成的观点公开发表。教学是学术探索的过程，教学改进与学习进步取决于教学学术的发展。教学学术研究的过程正是教师知识优化和教学能力提升的过程，提高教学质量的前提是在观念上认可教学学术并将其付诸实践。

（三）提高英语教师信息素养

英语教师担负着传授知识的重要职责，教师的信息素养好，对有用的信息进行收集和整理的能力强，就能为学生传递更多有用的知识，让学生在课堂上学到更多英语方面的知识。因此，在网络环境下要转变英语教师的教学观念，提高教师的基本信息技术能力，如最新的计算机软件操作、网络技术应用、平台数据采集运用等能力，还应该注意结合英语课程的特点，培养信息技术在教育教学中的应用，即信息化教学资源的使用和整合，广泛收集和整理相关学习信息，为学生提供更多的学习资源。

（四）提高英语教师教研能力

当前评价英语教师是否具有较强教研能力的标准就是能否用计算机编写电子教案、能否运用多媒体对学生讲课和能否熟练上网，但是这样的评价有失偏颇。网络环境下对教师教研能力进行评价应该是看通过对网络的运用教学质量有无提高。因此，在网络环境下，英语教师要努力提高自己的教研能力，将网络的相关教学资源整合到教学中，通过切实有效的方法来提高英语课堂的教学质量，让网络能够在大学英语教学中起到更大的作用。

（五）提高英语教师反思能力

很多英语教师上课习惯于采用"满堂灌"的方式，而且认为自己是完全正确的，导致教学中学生缺乏质疑精神，英语课堂成了教师一个人的舞台，这种陈旧的教学模式已经不能适应教学要求。英语教师应在教学中进行反思，鼓励学生大胆质疑，这样能够提高学生的学习兴趣，从而提升英语课堂的教学效果。

第六章　大学英语课堂教学探索与优化

目前，高校纷纷对大学英语教学工作进行改革，以提高课堂教学质量，达到更好的教学效果，使学生的听、说、读、写、译能力能够得到全面提高，提升学生的英语综合素质，从而使学生能够获得较强的英语能力，满足改革开放新形势下社会对高素质英语人才的需求。

第一节　大学英语课程思政

一、大学英语课程思政的现实问题

《高等学校课程思政建设指导纲要》提出，"文、史、哲"等专业要为学生理解社会主义核心价值观服务，为弘扬传统文化、先进文化和优秀文化服务。新文科工作会议指出，文科教育要明确价值导向，加快课程思政建设。新文科研究中心提出新文科建设担负着在世界构建中国话语体系的任务，要善于从中国案例和事件中总结中国理论，讲好中国故事。高校课程思政的大背景和新文科建设对大学英语课程思政提出了迫切需求。语言学家汉斯·斯特恩认为外语教育的终极目标之一是培养情操和价值观，外语教育的目标与思政教育的目标首先是一致的。同时大学英语课程涉及全校学生，四个学期充足的教学时间能确保思政教育的系统性和持续性，而大学英语教材内容涉及英语国家的政治、经济、社会、文学、教育、哲学等领域，内容聚焦社会热点，这些为大学英语课程思政提供了可行性。但是大学英语教学以知识的传授和学生英语技能的培养为主要目标，思政教育在教学中长期处于边缘化地位，导致目前大学英语课程思政从教师、教材、教学体系及教学方法上都存在一系列的现实问题。

(一) 文化传播途径单一

在大学英语课堂教学中,为了能够让学生较好地适应职场,以及接收到最正宗的英语和外国文化,在教材的选择上一般都会选择英语国家的名人名著等,同时教材中也会有外国的传统文化、理念以及行业发展史等。但由于学生长期学习外国的教材,感受外国文化,很少学习中国传统文化,以至于学生缺少对中国传统文化的了解。其次,虽然选择外国的教材能够帮助学生丰富眼界,了解外界信息,也能培养学生发现问题、解决问题的能力,但缺少中国文化的培养,也会让学生形成不良思想,如盲目崇拜、政治立场迷茫等,甚至还会影响学生的人生方向。

(二) 部分教师思政能力低

教师在大学英语课程思政过程中起着至关重要的作用,教师思政能力的高低直接影响课程思政的效果。自课程思政提出以来,各大高校积极开展课程思政教育改革,《高等学校课程思政建设指导纲要》更是明确提出课程思政建设要在所有高校、所有学科全面推进,将课程思政提高到一个新高度,各类课程与思想政治理论课同向同行的大思政背景已经形成,大学英语教师的思政热情很高。但同时也应看到,部分教师在教学中长期注重专业知识的提高,忽略人文素养的培养,加之对课程思政的一些核心理念理解仍不到位,导致课程思政教学效果一般。

(三) 教学主体忽视思政教育

想要提高思政教育的质量和育人成效,关键在于教与学双方是否都具有积极性和主动性。站在教师的角度来看,教师会不自觉将侧重点放在对学生英语的听、说、读、写、译的训练上,并没有真正了解在大学英语教学中渗透思政教育的意义和价值。造成这一问题的主要原因是教师对于思政教育的认识较为薄弱、肤浅,认为自身的工作只是传授学生知识,至于思想等方面的教育,并不在自身的工作范围之内,从而将其认为是专业思政教师和班主任、辅导员的任务。事实上,英语课程思政化不仅有利于提高学生的整体素质和综合能力,而且也能培养学生的学习兴趣和道德素养。也有一部分教师想在大学英语课程中融入思政教育,但由于自身对于思政教育的认识不足、缺乏相应的教学经验,再加上大学英语教学的任务也比较繁重,便一拖再拖,毫无起色。站在学生角度来看,大学阶段是学生树立正确价值观、世界观、人生观以及政治立场、思想观念的重要阶段,在这个阶段中,可能一些意志不坚定的学生难免会受到享乐主义和利己主义的影响,将英语作为毕业找工作的敲门石,把思政教育作为简单的思想教育理论学习,而这也是因为教师与学生缺乏对思政教育的认知。

(四)教学体系轻立场导向

大学英语作为一门人文社会学科,具有知识性和人文性双重性质,但以听、说、读、写、译英语技能提高为导向的传统教育只突出了其知识实用性而忽视了其人文导向性,对学生人文素养的培养、思想引领和价值观培养不够。这导致学生在辩证看待中外价值观的差异方面有难度,难以敏锐察觉并坚决抵制意识形态的控制与渗透,违背了语言文化传授与价值立场有机统一的初衷,难以为高校"立德树人"的根本任务服务。

(五)英语思政教育方法单一

大学英语是一门传统学科,教师在长期的教学实践中总结了大量行之有效的教学方法,但大学英语课程思政实施时间短、可供借鉴的经验少。目前,部分教师仍以填鸭式地大讲"心灵鸡汤"或简单机械地堆积案例为主,思政教学方法相对单一。科学合理、灵活多样、适时有效的课程思政教学方法是实现思政教育的前提和基础。思政教学没有深度、没有力度、缺乏温度,将很难实现中国故事与英语专业知识的有机融合,难以最大化发挥大学英语的思政教育功能。

(六)考核机制制约思政元素育人功能发挥

目前,部分高校的大学英语课程考核机制制约了思政元素育人功能的发挥。

一是部分高校对英语教师的考核重点放在了教师的英语教学技能方面,忽视了考查教师教学中渗透思政元素的情况。例如,高校在评比大学英语教学能手时,更多关注教学重难点是否被明确突出、PPT设计是否思路清晰、师生之间互动是否充分等内容,甚少关注教师是否充分挖掘课文蕴含的思政元素、是否将思政元素巧妙地融入教学过程、思政元素的渗透是否到位等。

二是不少高校对大学生英语学习的考核主要关注英语语言运用能力,忽视对学生思想道德境界的考查。例如,高校在检验学生的大学英语水平时,通常都以笔试形式设置阅读理解、作文、汉英翻译等题型来考查学生英语语言的读、写能力,在阅卷中教师重点关注学生对英语语言的掌握程度,很少关注学生的思想道德状况。

（七）教材与教辅手段与时俱进的速度没有跟上

大学英语课程思政的顺利进行离不开教材与教辅手段的大力支持，目前有不少学者教授已经开始对大学英语相关教材进行课程思政的挖掘整理，并形成了一定的成果，但是真正能系统地落实到教材中，向广大一线教师推广应用、提供直接参考的成果并不多见。

对于大学英语应该选取哪些课程思政主题，确定筛选什么类型的论据和事例的问题目前还没有形成系统研究，虽然线上线下的材料很多，仅仅是某个教师凭借自己的想法选取部分材料使用，但是系统人工筛选的工作并没有真正落实下来，造成大学英语课程思政辅助材料不足的现象。大学英语教材与教辅的课程思政研究不足会直接影响这门课程的课程思政建设的深度与广度，增加了一线教师进行课程思政的难度，这是我们不得不正视的一个关键问题。

（八）学生对课程思政的认同度与配合度研究不足

2019年，习近平总书记在主持召开学校思想政治理论课教师座谈会时指出："要坚持主导性和主体性相统一，思政课教学离不开教师的主导，同时要加大对学生的认知规律和接受特点的研究，发挥学生主体性作用。要坚持灌输性和启发性相统一，注重启发性教育，引导学生发现问题、分析问题、思考问题，在不断启发中让学生水到渠成得出结论。"讲话内容体现了学生群体在课程思政教学中的重要作用，也提醒我们在大学英语课程思政教学中对学生群体要给予充分的重视。

高等教育的主体对象是已经具有基本世界观的年轻人，在以人为本的教育理念的引导下，高等教育尤其是人文学科类的大学英语教育等课程，考虑更多的应该是以学生为主体的人文关怀教学。教师在教学中为他们填补人文世界观中的空白之处，修正偏颇的观念，引导他们树立和谐共进的为人处世理念。我们可以把这种人文类的科目比喻成大学教育中的养心、修心之法，在教授学生知识的基础上，主要为培养学生的健康心态服务。这一过程可在高等教育阶段尽量避免培养出高智商却心态不佳的学生，这才是高等教育中课程思政建设最终要解决的大事情，是整个教育体系的重中之重。学校政策、教师培训、教辅推进、教学评估等都应该围绕并服务于这个最终目的。

大学英语这类人文学科的课程思政建设最重要的一环是思政观念的接收方，即学生群体，教师需要高度重视学生对课程思政内容以及形式的认可度和接受度，及时处理学生的反馈信息，理顺课程思政的教学思路。所以，我们在贯彻大学英语课程思政的过程中，需要避免教条主义、照本宣科、单纯说教等枯燥乏味的模式，从学生的角度出发，以课文主题为基础，选取学生感兴趣的话题和教辅资料，借用现代化教学手段，采用学生喜欢的各种形式传输课程思政理念，引起学生的共鸣，启发他们对问题的思考，使他们对此课程思政内容产生认同感，不会因课程思政部分流于形式而产生厌学心理，愿意积极配合课程思政教育的过程。

二、大学英语课程思政建设的意义

（一）解决学习目标功利性问题

在现实教学中，大学英语课程面对的学生数较多，这些学生的基础不同、学习目的也不同。在应试教育影响下，一部分学生学习英语时，单纯是为了应付考试，为今后的英语四、六级考试等打基础，功利性明显。这一现象将导致大学英语教学辅助性作用下降，让学生对英文的了解片面，无法将英语作为工具实现优质中国文化的向外输出。大学英语课程思政可很好地解决学习目标功利性问题。

（二）实现英语课程与思政教育紧密融合

"课程思政"是坚持专业显性教学与思想政治隐性教育相统一的关键，同时也是落实"三全育人"的有力途径。实现大学英语课程思政建设，有助于确保英语课程与思政教育的紧密融合，从而达到专业课程与思想政治元素结合的目的。这样不仅能够实现对英语课程教材的有效补充，同时进一步丰富了英语课程的内涵和深度，对于提升学生的综合素质具有重要意义。

（三）充分贯彻落实立德树人的历史使命

大学生正处于人生发展的关键时期，在这一时期积极培养正向的价值观，有助于充分提升其综合思想素质，从而帮助他们实现人生的飞跃。大学英语作为高校课程体系中的重要环节，课时较多、覆盖面较广、开设周期相对较长。因此，在大学英语教学中渗透课程思政教育，有利于教师通过潜移默化的方式实现对学生的思想政治教育，全面落实立德树人的历史使命。可以说，积极推动大学英语课程思政建设，不仅能够提升大学生的英语综合能力，同时还有助于塑造他们的思想和价值观，使之成长为满足社会发展需求的高素质人才。

(四) 培养大学生的民族文化自信意识

在大学英语课程教学中融入思想政治元素，可以有效地延伸学生的文化视野，提升其文化感知力和时政理解力，如此一来必然能够充分地提升大学生的文化自信意识和民族自豪感。比如，教师可以为学生播放英文纪录片，这样不仅可以帮助学生提升英语表达能力、理解能力和沟通能力，同时还能够进一步提升其政治素养，实现民族文化自信意识的塑造，这对于达到大学英语课程思政建设目标具有重要意义。

(五) 打破教学模式守旧的格局

从目前的情况来看，在大学英语教育中，采用的均是统编教材，教材中无论是教学内容还是想要突出的教学主题，均使用原生态篇章，英文文化比较浓郁。另外，在英语教学中，除了在语言能力培养上投入较多教学精力外，文化输入方面的教育也占用了较大的课时比例。这样的教学模式虽然可以保证英语成绩，但传统文化的渲染和教育非常缺失，在中国文化传播方面积极影响较小，力度明显不够。长期如此，会弱化学生的文化输出能力，影响比较深远。

研究表明，这样的教学模式如果长期不改变，会形成单向文化交流，致使外国文化不断输入，而我国文化却无力输出。面对这种不利局面，我国大国文化彰显会遇到阻碍，学生爱国情操的培养也难以实现，还会较大程度阻碍知识的内化和学生对文化的认知，从而丧失文化自信。基于此，大学英语教学需要认清局势，创新传统教学内容，在教材内容的基础上，深度融合和扩充我国优秀文化，在课堂上形成中外文化比对，借此帮助学生深层次把握我国文化、树立文化自信。为了达到预期目标，教师要善于引导，在英语教学中增加时政等内容，全力推行课程思政，积极探索融合路径，实现思政教育质量升级的同时，保障英语教学水平。

(六) 培养政治素质过硬的国际化人才

语言作为文化传播的工具，是传播该语言所承载的文化和意识形态的重要通道。大学英语课堂同样也是学生了解外国文化及意识形态的重要平台。然而自从近代工业革命取得成功以后，外国文化逐步被神圣化，而大学生由于好奇心强、易接受新事物等特点，很容易受到不良思想的影响，对待外国文化不懂得取精华、去糟粕。因此，大学英语开展课程思政建设很有必要。

大学英语教师要认真领会习近平总书记关于立德树人的重要讲话精神，深刻认识落实立德树人根本任务的重要性，努力引导大学生形成正确的价值观和坚定的政治立场，使学生正确对待外国文化，自觉抵制他国的腐朽落后文化，积极借鉴别国先进的物质精神文化，助力国家文化软实力发展壮大。只有这样才能使广大学生在任何国际场合都能以坚定的政治立场向世界讲好中国故事，维护国家利益。

三、大学英语课程思政的实施路径

要解决如何把育人元素"润物细无声"地融入大学英语课程，如何更好地实现高校"立德树人"的根本目标的问题，首先要探索大学英语切实可行的实施路径。

（一）确定课程思政的教学目标

教学目标是整个课程教学的根本，确定教学目标不仅能够帮助教师有针对性地去设计教学内容和教学模式，而且还能让学生对课堂内容有一个基础的了解，从而更好地完成教学任务。对此，在大学英语教学中，将思政教育明确设定为教学目标也是实施课程思政的重要步骤，教师需要深入挖掘教材中的思政素材，并且设计针对性的教学活动，把思政教育渗透到技能培养以及语言学习中。

以《新编实用英语综合教程1》（第五版）为例，其中有一个章节的学习主题是"时代英雄"。教师在教学这部分内容时，便需要根据已知的思政教育和实践内容制定其教学目标，即提高学生的爱国主义精神。为了能够实现该教学目标，教师可以在上课前将学生们平均分成若干个小组，以小组为单位来开展"时代英雄"的调研活动，比如学生可以在学校或者校外采取问卷调查的方式选出他们心中的时代英雄。之后在课堂中，让学生将自己选出的时代英雄人物与其他小组成员进行分析，并用英文来讲解该英雄的生平事迹，从而激发学生的爱国主义精神。当本节课结束后，教师还可以让学生以小组合作的方式完成以"时代英雄"为主题的英语海报，并将每位学生的海报放置在线上平台进行展示，由学生们进行投票，选择出最优秀的英文海报。通过这些课堂活动、课外实践等方式，不仅能够将思政教育融入整个教学环节中，而且还能将英语语言学习转变成实际操作活动，使学生对中华民族伟大复兴有一个深层次的感受。

(二) 丰富教材思想政治内容

一直以来，大学英语教学难以发挥出思想政治教育功能的根本原因是教学大纲中相关内容的缺失导致教师思想固化，教学效果无法达到理想水平。因此，高校教师需要在素质教育理念的指引下对授课内容进行全方位的扩展与完善。首先着重倡导"立德树人"的核心理念；其次重视对教材内中华民族优秀文化以及社会主义核心价值观元素的挖掘，将德育、文化教学、基础知识教学三方面内容有机融合，充分发挥大学英语教学的思政教育功能。

此外，为了有效强化思想政治教育在大学英语教学中的效果，还需要有关部门在编写大学英语教材的过程中适当地加入我国政治、经济、历史、文化等方面的内容，同时设置更多的集体讨论课题，为教师与学生提供比较中外文化差异、思想差异、行为习惯差异、政治差异的机会，由此引导学生积极交流并真正做到学以致用，在不断实践、交流的过程中潜移默化地加强大学生对民族文化的认同感，进一步增强文化自信，为未来发展奠定良好基础。

(三) 创新大学英语教学方法

大学生已经充分具备了独立思考问题的能力，他们对社会、世界都产生了较为深刻的认知。因此，高校教师在教学过程中不能一味地讲解知识，而是要为大学生提供发言的机会，让他们将自己对问题的解答和对某一既定事物的解读与教师、同学分享。在此过程中高校教师需要打破传统教学观念的束缚，对教学模式进行全面的创新与完善，由此提升大学生的课堂参与感，提高课堂教学的有效性，深化大学生的核心素养。例如，高校教师在组织大学生小组讨论活动时，除提供课内教学主题外，还需要将课前搜集的中外文化、思想异同等素材展现在学生面前，让他们自然地对相关问题进行交流和讨论。在此期间，教师必须要做好课程流程规划工作，无论是知识导入、进行授课、活动组织还是活动总结，都要体现出创新精神，尊重学生的主体地位。同时，可以通过提问的方式引导学生从多元角度思考问题，使学生在身心放松的状态下抒发自己的真实感受，从而在自主学习中实现思想品德素养的提高。此外，教师还需要充分利用大学生较富余的课后时间，组织丰富的演讲、辩论、表演比赛等活动，进一步提升他们的综合语言能力与思想政治理论素养，实现协同教学、"立德树人"的理想化目标。

（四）培养英语教师的思政意识

大学英语课程思政要落到实处，首先要解决执行者的问题。在一定程度上可以说大学英语教师的思政能力和思政意识决定了大学英语课程思政的效果。

首先，要帮助教师理解课程思政的内涵，明白课程思政建设的紧迫性和必要性，内化于心，从而落实到教师的课堂行动中。大学英语教学处于两种语言和文化碰撞的环境中，师生容易受到外国意识形态和文化的影响。新时代下，网络声音百花齐放，新媒体资源异军突起，大学英语教师更要时刻保持清醒的头脑，紧跟时代的号召，在做好传统英语语言教学，即听、说、读、写、译能力的培养的同时，适时引入思政教育，培养具有国家认同感、正确价值观和人生观的英语人才。

其次，要尽快提升大学英语教师的思政教学能力。要对学生进行思想政治教育，教师首先要掌握完整的思想政治教育体系；要培养学生的人文素养，教师必须学识渊博。因此，要通过"请进来""派出去"等途径帮助大学英语教师掌握思政教育的知识，理解思政教育的重要概念和逻辑体系，掌握教育的本质和内涵，了解学生学习规律等。同时大学英语教师要钻研教材、研究学生，既要掌握学生的语言知识和语言能力水平，又要了解学生的情感需求、价值观导向以便在课堂教学中对课程思政信手拈来、有的放矢。

（五）提升大学生思想政治水平

第一，教师应积极开展中外文化专题、中华传统文化、文化自信等系列主题活动，将这些文化内容融入大学英语课堂教学，让学生在学习英语专业知识的同时实现自身文化素养的提升。

第二，教师在课堂上可以通过播放小视频、文化类电影等方式，让学生在视听结合的学习氛围中，实现自身听力水平和理解能力的提升，更重要的是在这个过程中学生能够接受文化熏陶，实现自身综合水平进步。

总体来说，大学英语课程思政教学的核心使命是提升学生的英语水平和思政素质，而通过文化渗透的方式能够极大地延伸学生的文化感知力，重塑文化自信意识，实现其综合思想政治水平的提升，这与最优化教学理论的理念殊途同归。

（六）寻求多元化的评价方法

课程思政背景下的大学英语教学要求教师牢固树立教学不是为了让学生应付期中、期末以及四、六级考试的理念，教育的最终目标不仅是为学生传授知识，更要培养学生高尚的情操。建立适合课程思政背景下的多元化评价体系，可以为大学英语课程思政提供准确的反馈指标，为进一步促进大学英语课程思政建设提供动力。

课程思政下的大学英语评价体系应落实到两个方面：教师是否在教书的同时育人，学生是否在能力提升的同时提升思想政治水平。

一方面，要制定直观反映教师教学中课程思政水平的相关指标，具体评价教师在课堂上课程思政的主动性、隐形思政教育切入的适当性等。

另一方面，大学英语课程思政效果最终要体现在学生身上，学习过程中，学生是主体，直接决定着学习效果。课程思政背景下，各门课程思政和思政课有机结合、协同育人，难以区分学生的学习效果、思想政治素养的提升究竟是源于各门专业课程、公共课程的课程思政还是思政课程。但是，大学英语教师的课程思政具有其独特性，主要围绕一些特色鲜明的思政教育内容如对待外国文化的态度、看待国际事务的角度、中外文化对比及国家认同感的培养等，这些评价内容可以采取档案记事法、特定评价表法、学生活动旁听点评法等客观记录或评价学生的学习效果。

（七）建立科学合理的评价机制

根据以往大学英语课程的评价方式来看，基本上以试题测验为主，但这种方式不能将学生的思辨能力和综合素质体现出来，也无法反馈课程思政教学的质量和效果。对此，我们需要在原有的评价机制的基础上，进一步创新和优化，从而帮助教师能够更加清楚地了解学生的课程思政实际情况。比如，大学英语综合评价机制能够及时反馈学生的课外研学实践结果，也可以使教师较好地掌握学生的课程思政情况和学习情况。

（八）强化大学英语教学制度建设

思政课程在大学英语教学工作中的实施离不开完善的制度。在强化教学制度建设的过程中，高校首先需要围绕思想政治教育建立思政课程领导体制，将校内各个学科的资源整合，并逐一明确校内领导的具体职责，保证各个部门之间相互配合、紧密合作，从而帮助高校教师有序、有效地展开后续课程教学。在此过程中，各个部门的领导都要以思政为核心采取分级管理制度，从根本上扩大教育工作的格局。

除此之外，校方还应该主抓教学改革、教师队伍建设工作，从教材的选择与修订到正式展开教学工作，都要积极地展现思想政治教育理念。最后，领导团队还应合力完善并创新考核评价机制，在组建教师队伍的过程中增添思政课程内容的考核，保证授课教师的个人素养与思政品质，由此发挥出他们的模范带头作用，从根本上强化思政教学育人的效果。

（九）健全大学英语课程思政建设的外部保障体系

第一，强化大学英语课程思政建设的政策推动。高校相关部门要加大政策倾斜及资金投入，加强对于英语课程思政建设的引领作用，真正让这门学习时间长、覆盖范围广的课程，在政策的支持和推动下，取得最大化的教学效果。

第二，构建一支高素质的教师队伍。要求教师不仅要具备较强的英语专业素质，同时还应该具有较高的思想政治水平，只有如此才能真正促进英语课程思政建设的顺利实施。这就需要大学英语教师与思想政治教师展开深入沟通和交流，并积极参与学校组织的各项培训活动，从而全面提升教师队伍的整体素质。

第三，教材是课程教学活动的重要资源。要想从根本上发挥大学英语课程思政的育人效果，就必须积极实现教材的改进，将更多富有思想政治教育意义的中国文化故事、艺术哲学、历史发展等内容融入其中，以此来吸引更多的学生参与其中，进而有效提升大学英语课程思政的建设效果。

第二节　网络技术融入课堂教学

一、网络技术融入英语课堂教学存在的问题

大学网络英语教学虽然优势明显，但存在的问题也不容忽视，具体表现在网络、教师和学生三个方面。

（一）网络方面现存问题

大学网络英语教学中网络环境方面现存的问题，具体如下：①我国目前网络

资源分配不均衡，而且有些网站教学资源分类也盲目混乱，实用性学习内容还需要进行筛选衡量，总之网络资源不能满足目前高校英语教育需求。②网络教学资源平台还有待于深化发展，网络英语教学模式还未成型，目前还处于发展与探索阶段，作为新事物，可以参考和借鉴的成功经验比较少。③当前互联网普及程度虽然已经很高，但是仍然存在一些地区网络质量不好或网络设备欠佳的情况，换言之，存在卡顿、网络失联等特殊情况，影响了正常的网络教学进度。由于网络不佳，互动环节也不能很好地满足教学，例如，学生连麦会很卡，或者网课回答问题噪音比较大、音质比较差，因此，很难保证此部分学生的听课效果，长此以往便会产生严重的两极分化现象。

（二）教师方面现存问题

对教师而言，大学网络英语教学是大势所趋。教师必须与时俱进，不断提升自身的适应能力以及自身的知识使用技能。而许多年纪比较大的前辈教师难以融入新型教学环境中，对网络英语教学平台的功能掌握不熟练，从而影响了教学质量甚至耽误了教学时间；有些高校英语教师接受新事物的信息素养较低，计算机技术的应用不够熟练，对于网络的使用和驾驭能力有待提高。此外，由于多媒体教学中课件内容丰富，教师会受到课件的牵制和影响，容易忽略语言课堂中必不可少的师生交流和沟通，这也是对网课学习的制约。很多教师对学生的网络作业没有及时反馈，既没有评价，更没有交流，因此，学生不能获得应有的成就感，语言学习的兴趣逐渐丧失。

（三）学生方面现存问题

对于当代大学生而言，网络英语学习的全面深入开展存在一定的困难。学生在长期学习过程中早已习惯教师在课堂的主导作用，因而无法完全适应这种新型的网络教学模式，感觉自己处于无所适从、比较混沌的状态，学习准备不足，导致在网络英语教学的学习中，心理问题尤为突出。许多学生在接受网络教学的同时去做其他与学习无关的事情，一心二用，在进行网络学习时更容易走神，难以控制自己而导致学习效果下降。学习课件信息量大也使一部分学生难以充分吸收，在大信息量、高效率的网课中，学生（特别是分层次教学的 C 层和 D 层）常常因跟不上课件的节奏而感到很难融入课堂活动中。还有一些学生因为设备的缺失或不灵敏、网络和学习环境较差而影响其正常听课质量，使得这部分学生在

第六章 大学英语课堂教学探索与优化

网络教学中落后于其他同学，无法做到按时听课和课堂互动。此外，还有些学生则视网络作业为难题，延迟拖沓，以网络不佳或者停电等为理由不交作业。

二、网络技术应用于英语课堂教学的作用

（一）有利于提高教学效率

在传统的教学模式中，教师上课时依赖一支粉笔、一本书的形式来完成教学。自从网络技术在大学英语教学中得到运用后，便改变了传统的教学模式。多媒体网络教学是时代的产物，它是传统教学的延伸和拓展，弥补了传统教学的不足。在传统的教学模式中，教师在传授新知识前需要备课，选择课堂中的重难点内容，并将其抄写在黑板上，这就耗费了很多时间，也暴露出了很多弊端。因为学生与教师对书本知识的理解能力不同，所以很多教师担心学生掌握不了，另外长时间在黑板上板书也比较浪费时间，如果时间把控不准确，很容易耽误接下来的课程。而出现了多媒体网络技术以后，这些缺点都能够得到很好解决。现如今教师可以根据教学内容来制作PPT或者电子表格的形式备课，这样在课堂上可以用鼠标对界面随意切换，也省去了很多板书的时间，学生做笔记也有足够的时间，不仅提高了教学效率，而且还提高了学生的学习效率。多媒体网络技术教学改变了传统枯燥的教学模式，营造了一种快乐课堂的氛围。在原来教师讲解西方国家的节日或者风俗时没有实物表述，但是通过自媒体，学生可以了解西方国家的新鲜事物或者传统节日。通过观看图片和视频，学生可以了解中西方的文化差异，这可以激发学生的求知欲望，提高学生学习英语的兴趣。

（二）有利于提高学习兴趣与信心

兴趣是推进人类学习研究的动力。而在高等教育阶段，英语往往因非母语而成为学生最大的学习障碍，很多学生英语成绩较差，对词汇、语法的掌握都不牢靠，甚至有些学生连音标都分不清楚。加之英语教学缺乏创新，如此就造成学生在英语学习上的兴趣缺失。因此，英语教学中学生学习兴趣的培养成为教师必须重点解决的问题之一。在教学当中，要激发学生的学习热情，让学生爱上英语，这样才有利于提高教学效率。有关学者发现人的左脑和右脑各自负责不同的功能，总体来说，一般左脑负责逻辑推理，右脑则负责联想和抽象空间的想象。在以往的教学中，教师都是在板书上介绍英语教学内容，教学方法相对简单。在这

种教学方法下，学生一直处于被动接受的状态，所以传统教学方法对开发学生的思维能力存在不足。学生学习英语也只能靠书本和教师的口述来记忆，这对很多学生来讲是一个煎熬的过程。多媒体网络技术利用生动的图片或者视频将英语口语相结合，让枯燥的课堂充满乐趣。在多媒体网络教学中渗透这些元素，可以通过刺激学生的中枢神经来使其注意力得到提升，同时对开发学生右脑也有一定帮助。多媒体网络技术的介入，调动了学生的学习积极性，很多学生开始热爱英语课堂，教学效率大大提高。

（三）有利于创设良好环境

在过去的教学当中，应试教育给英语教学带来了很大的困难，教师在教学的过程中更多倾向于教授应试技巧以及考试重难点，在教学当中忽略了语言交际情境。学习一门语言一定要有良好的环境，才能有助于学习，所以在英语课堂中加入语言交际情境，对学生学习英语是十分有帮助的。传统教学当中，由于课堂时间有限加上学生基础不牢固，所以给学生情境交际的时间很短。而多媒体网络技术的出现，可以将很多教学信息进行资源整合，把课本当中重要的知识点通过图片、视频或者文本的形式呈现在课堂当中，为学生创造了一个良好的学习环境，可以让学生感觉已经融入学习英语的氛围当中。多媒体网络技术帮助教师进行了减负，同时也营造出了一个良好的教育氛围，使学生沉浸其中，进而达到提高自身的英语水平与提高学习成绩的目的。

（四）有利于教师不断进步

多媒体网络技术应用在教学当中顺应了时代的发展，同时也取得了较好的教学效果。如何利用多媒体网络技术在教学当中发挥更重要的作用，就成了大学教师的一种挑战，也是当下大学教师需要解决的难题。在传统的英语教学模式中，大部分学生对照本宣科的教学模式已经厌倦。而教师一味地对照书本念，也体现不了自己的教学风格。

在多媒体网络技术出现以后，教师可以利用多媒体设计自己的教学风格，也给了教师很多展示自身的机会。很多教师会结合自己的教学经验以及特长，从教学实际出发，到网络上搜索资源做成课件，这一过程也让教师不断提升自己、克服困难。

（五）有利于培养学生的动手创新能力

在传统教育当中受到时间和空间的限制，很多教材内容没有办法实际展现给学生。但是借助多媒体网络教学，学生能逐渐接受很多新鲜事物，改变他们的认知范围。例如，在"How do you make a banana milk shake？"一课中，教师设计课件时可以寻找有关如何制作香蕉奶昔的视频，通过真实的画面，增加了课堂氛围，也让教学充满了趣味，同时可以让学生对书本知识加深印象，从而增强了他们的学习信心。

三、网络技术应用于英语课堂教学的策略

（一）深度整合教学资源

在多媒体网络环境下开展大学英语教学，教师必须要对现阶段的课程设置和教材内容进行研究，掌握其中存在的缺陷和不足，并根据学生的培养要求和需求进行整合与创新。教师也可以利用多媒体网络手段分析不同行业、不同阶段学生的英语学习需求，深入地预估市场和岗位发展方向。

另外，还需要从学生专业化、个性化、特色化的学习需求出发，对现行的教材进行剖析和解读，挖掘其中有效的教学资源，并以多媒体网络途径为媒介对其进行拓展。教师可以在掌握教学主题的情况之下，访问国内外优秀的大学英语教学资源库，根据英语教学主旨和主题进行引用；也可以利用大数据技术对海量的英语教学信息进行筛选，在恰当时进行导出，以全面激发学生的大学英语学习兴趣和热情。考虑英语与社会、实际、生活之间的联系，引入具有真实性、典型性、代表性的案例，或是学生感兴趣的英语热点话题、时政新闻、行业发展动态等的内容，引导学生从不同的方向和维度入手进行自主学习。

此外，还可从学生的拓展学习和创新学习的角度出发，以多媒体网络技术为媒介了解西方英语国家的情况，掌握其和我国存在的差异。在英语课堂教学中引入具有西方特色的社会、文化、外交、经济、政治、历史、文学等的跨学科和跨领域的内容，全面拓展学生的知识面，促使其形成较为完善的跨文化意识和英语学习观念。

(二) 科学创设教学情境

现阶段，教师需要树立全新的多媒体网络思想和创新教学理念，贯彻和践行以人为本，借助信息化的手段对相关的英语教学资源进行分析和处理。考虑学生的学习规律和思维发展规律，制作相应的课前预习微视频，利用学生喜欢的热门手机 App，或 QQ、微信、微博等网络通信功能向学生推送，并设置相应的英语预习任务和日常学习任务。教师可以设置在线打卡功能，了解学生的具体学习进度，并对线上指导方法和课堂教学方法进行调整。教师也可通过构建英语教学情境的方式导入课堂教学，利用音频、图片、视频等的元素呈现教学内容，巧妙地设计相应的问题，吸引学生的注意力，激活学生思维，使学生能直观、具体、自主地进行英语学习。也可引入 VR 虚拟现实技术，结合教学主体和情境主题，在其中引入与学生的专业，以及就业、创业有关的信息，通过系统自动模拟的方式呈现相应的场景。学生可通过 VR 眼镜身临其境地感受和体会，有效利用已掌握的英语知识和方法解决问题。而在进行重难点的英语知识讲解时，也可录制相应的课堂教学微视频，将其时间控制在 5～15 分钟，使学生能够更好地根据自身的英语掌握情况反复进行学习、分析、揣摩、实践。

此外，教师还可在上述的英语课堂教学的基础上，引进慕课、翻转课堂、在线课程、网络直播，以及头脑风暴教学法、任务驱动教学法、项目教学法、分层教学法、探究式教学法等，根据课堂教学需求和要求进行选择，或围绕教学目的将不同教学方法进行组合，以期能取得更为理想的大学英语课堂教学效果。

(三) 构建网络实践平台

在大学英语教学中，教师应尊重每个学生的差异，对英语课堂教学进行有效拓展，为学生构建基于多媒体网络环境的英语实践平台。在其中推送与英语行业、企业相关的信息，以及优秀的英语实践活动案例，根据学生的学习需求发布相关的英语实践任务，引导学生以小组为单位，巧妙地利用线上和线下相结合的方式进行学习。还可在平台上增加英语线上培训的板块，利用大数据技术对学生的综合情况进行全面分析，结合其专业和就业需求开设针对性的网络培训项目，让学生有选择性地参加。还可在首页推送英语话题，由系统自动捕捉并推送学生感兴趣的话题内容，或是让学生自主确定英语话题，在平台上进行交流和探讨。或通过该平台和各行业的英语爱好者、优秀英语学者进行交流，借助权威力量和有效经验解决难题和问题。此外，也可在了解大学英语教学整体规划的情况之下，以网络平台为助力定期地开展英语综合实践活动，如英语作文大赛、口语翻译比赛、英语主题演讲、英语歌曲演唱、英语话剧表演等，以期能使学生更好地实现英语知识、方法的内化和转化。各高校还可和本地区优秀的企业进行合作，为学生提供到与英语有关的一线岗位进行实习和实训的机会。

第三节　产出导向法课堂教学

一、产出导向法的理论体系

（一）教学理念

教学理念发挥着思想指导的作用，产出导向法的教学理念包括学习中心说、学用一体说、全人教育说以及关键能力说四个方面的内容。

1. 学习中心说

当前的教育倡导"以学生为中心"的教学理念，相对于"以教师为中心"的课堂是一次质的飞跃，但是这一理念也会导致过分强调学生的主体地位，教师的作用被边缘化。学生在完成学习任务时会遇见各种各样的困难，如果教师没有发挥引领作用，没有专业性的指导，则很难保证产出任务的顺利完成。针对"以学生为中心"的理念，产出导向法提出了"学习中心说"，主张一切教学活动都要服务于有效的学习。它不仅强调了教师的主导地位，而且还强调了学生的主体地位，二者相辅相成、缺一不可。

2. 学用一体说

"学用一体说"强调输入和输出应优势互补、紧密结合，要避免教学中出现"学用分离""教材中心"以及"课文至上"等教学问题，要学用结合。在听、说、读、写、译五项技能中，听力和阅读属于语言输入，而口语、写作和翻译则是语言产出，"学用一体"提倡输入性学习和产出性运用互为补充。在教学中，教师要将教学活动与语言运用相融合，要让学生在学习的同时学会运用知识，达到学以致用的学习效果，真正做到将"学"与"用"合为一体。

3. 全人教育说

全人教育说强调教学必须围绕培养学生全方位的能力来进行设计，教育要促进学生的全面发展，除了要实现提高学生的综合能力的工具性目标，还要实现提高学生的判断能力、自主学习能力及思辨能力等人文性目标。"全人教育说"提倡将工具性目标与人文性目标并重，而实现人文性目标并不代表需要牺牲很多课堂教学时间，它的实现方式可以通过选择有利于实现人文性目标的产出话题或任务、为其服务的输入性材料以及与之相关的教学活动等形式来完成。

4. 关键能力说

"关键能力说"认为学习者在学习英语的过程中需要掌握知识迁移能力、自主学习能力和小组合作能力这三项关键能力。知识迁移能力指将学过的知识用到具体的情境中，学生要将在本课学到的语言表达活学活用到日常生活的交际中。自主学习能力指的是学生要发挥主观能动性，具备自觉、主动学习的能力，教师不做课堂的指导者，只需要在课堂上发挥媒介作用，无论是在课前准备环节、课中的促成环节还是在课后作业环节，学生都要具备自主探索知识和独立完成学习任务的能力。小组合作能力指学生要具备团队协作能力，为此，教师在设计各个环节时，需要有意识地加入合作讨论这一步骤，而学生在头脑风暴的小组活动中，要认真倾听他人的观点，吸纳他人不同的想法，积极与小组成员共同协作完成学习任务，真正参与到活动中去。

（二）教学假设

教学假设主要包括输出驱动、输入促成、选择性学习。教师需要立足于不同任务和主题的实践活动，组织学生深入了解英语词汇、语法等内容。当学生对知识进行有效理解后，借助原有知识体系有选择性地进行知识运用和语言加工，且根据任务要求进行明确输出。教学假设是产出导向法理论体系中的关键构成要素，决定着整个教学工作的完成质量和学生的学习效果。教师需保证信息输入和输出的有效性、假设任务的合理性，保证学生真正深度参与和积极反馈。

（三）教学流程

产出导向法的教学流程分为驱动阶段、促成阶段和评价阶段三个阶段，每个阶段又包括若干个子环节。

1. 驱动环节

常规的第二语言教学都将导入环节作为课程开头，与传统的教学法不同，产出导向法将驱动环节放在课程的初始部分。驱动环节分为三步：第一步，教师呈现交际场景并阐述交际任务；第二步，学生尝试实施交际活动以及完成交际任

第六章 大学英语课堂教学探索与优化

务;第三步,教师说明教学目标以及输出任务。

具体来说,在第一步中,教师呈现的交际场景是学生日常生活和学习过程中常常出现的话题或场景,可能有一些场景部分学生并没有真正地经历过,但是可以感受到交际场景对他们认知的挑战性;在第二步中,学生要尝试完成一些看似简单、普通,但实际上具有挑战性的交际任务,这会让学生意识到自己学习上的不足,从而激发他们继续学习的欲望;在第三步中,教师需要阐明两个教学目标,即交际目标和语言类目标。交际目标是指学生能完成什么样的交际任务,语言类目标是指学生应该掌握哪些词汇、语法知识以及相关表达。语言目标要为交际目标服务。

此外,教师需要让学生清楚输出任务的类型。输出任务可以分为课内输出任务和课外输出任务,课内输出任务是指学生在课堂上完成与输入学习同步的产出任务,而课外输出任务是指学生在完成课内学习活动的基础上,还要额外完成与之难度相当的输出练习。驱动环节是产出导向法最具有创意的环节,也是对教师来说最具有挑战性的环节,教师需要根据学生水平的不同布置教学任务,让学生顺利完成产出任务。

2. 促成环节

促成环节分为三步:第一步,教师描述输出任务;第二步,学生进行选择性学习;第三步,学生练习输出。具体来说,在第一步中,教师对输出任务进行清晰明确的阐述,目的是让学生充分了解输出任务的具体步骤和相关要求。在该步骤中,根据产出任务的难度和学生的实际情况,为了降低难度,教师应将一个较大的输出任务分为若干个子任务,缩小输入学习和输出学习之间的差距;在第二步中,学生逐个完成子任务,从输入材料中选择所需要的内容、语言形式以及话语结构。刚开始,学生可以从输入材料中提取话语结构,但是随着之后学习流程的展开,学生可以结合自身的实践,尝试使用更加新颖的表达结构,避免僵化地使用学到的知识。学生在对输入材料进行处理和加工时,教师需要给予一定的指导和检查;在第三步中,学生进行输出练习,使学生能够将选择性学习中学到的知识应用到输出任务中。在这个环节中,教师必须给予指导与检查,以了解选择性学习的有效性。在促成环节中,教师须充分发挥中介作用。在产出导向法实施的初期阶段,学生常常会不知道如何从输入材料中提取有用的内容,教师在此时就要对输入材料给予简要的分析和说明。到了后期,学生逐渐熟悉了选择性学习的方法,这些高水平的学生可以尝试承担中介作用,这样可以更好地培养学生的自主学习能力和组织能力。

3. 评价环节

评价环节一共分为四步：第一步，师生共同学习评价标准；第二步，学生提交输出成果；第三步，师生课堂上共同评价输出效果；第四步，课下评价输出成果。

具体来说，在评价的第一步中，教师与学生共同制定评价标准，双方通过共同参与达成共识，评价的标准应该清晰明确，易于检查和理解。在第二步中，学生上交输出成果。教师要规定成果上交的截止日期和提交形式，学生则应根据教师的要求及时提交成果。在第三步中，教师与学生在课堂上共同评价输出效果，教师需要提前了解内容，对学生进行针对性评价，并对学生提出明确的要求。在第四步中，教师对学生输出任务中的错误进行批改并给出修改意见。

综上所述，产出导向法的教学流程就是由"驱动—促成—评价"组成的若干循环链，它的每一个部分并不是各自独立的，而是相互联系的有机整体。

（四）教学原则

产出导向法在大学英语课堂中的介入，要始终坚持以学生为中心、以任务为立足点的基本原则。语言教学素材需融入符合规则的任务场景中，最大限度地发挥学生的主体性作用，有序、科学地实施教学任务。无论是在选择教学素材环境，还是正式进入教学情境中，都必须以学生为主体，且根据他们的学习问题和反馈，教师需动态优化教学流程和实施手段。教师应促成有效教学的发生，协助学生高质量地输入和产出，熟练和流利地进行口语表达和翻译。

二、产出导向法应用于英语课堂教学的可行性

（一）产出比输入更易于知识获得

产出是学习的目的，是教学效果的具体评价和表现。有具体产出任务的大学英语教学活动，更有助于调动学生的学习积极性，促使他们产生强大的内在驱动力。将产出导向教学法应用于大学英语课堂教学中，从理论层面来讲具有一定的可行性。具体来说，大学生已拥有较大的英语词汇量，掌握重要和关键的语法知识和交际技巧，属于中、高级英语学习群体。

此外，输出驱动更利于提升学生的知识迁移能力，若学生不能主动输出，即便输入再多的英语知识也无法获得显著的教学效果。相较于传统课堂的单项输出，利用产出导向教学法可以极大地提升学生的实践应用能力。

第六章 大学英语课堂教学探索与优化

（二）增强学生自主学习的驱动力

在大学英语课堂教学中，产出导向法可诱导学生主动地调取和使用原有知识。利用具有竞争性的任务，可激发学生的学习动机，促使他们对知识内容进行深入理解和学习。英语课堂不再局限于枯燥理论知识的讲解和程式化的考核，基于产出导向法的英语课堂有着突出的交际性和情境性，易于构建开放和愉悦的语言学习环境。而只有学生对英语学习和技能训练产生浓厚的兴趣，才能主动地完善自我。从这个层面来看，产出导向法的应用可在一定程度上增强学生自主学习的驱动力，展现出显著的优势和极大的可行性。

（三）基于产出评估可凸显大学英语课堂的可量化性

产出导向法的实施过程包括产出质量评估环节，需对学生的学习质量和效果，以及教学问题进行综合的评价和测评。基于产出评估，可充分体现大学英语课堂的可量化性。教师可对任务布置、任务完成、文本选择、巩固练习、讲解练习等环节的教学问题进行客观诊断，并根据学生的知识输入、可理解情况进行综合分析，利用多元化的教学成效评价体系对教学质量和学生学习质量进行量化评价和评估，不再带着浓厚的个人色彩评判学生。大学英语教学中引入产出导向法，无论是在授课的整个过程中，还是在最终的教学评价上，都具有显著的优势。因此，大学英语教学可根据实际的教学情况巧妙地引进产出导向法。

三、产出导向法指导下的大学英语课堂教学实践

产出导向法理论体系提出了英语教育的6种关键能力：语言能力、学习能力、思辨能力、文化能力、创新能力和合作能力。这些关键能力的培养正是当前英语教学要求的培养综合型人才的体现。产出导向法为英语教学改革提供了新路径，契合当下英语教学的需要。

（一）构建"课前—课中—课后"混合式教学模式

产出导向法所倡导的核心教学理念是在教学活动设计上要以产出为导向，教师要为学生搭建"脚手架"，提供恰当的输入材料，以帮助学生产出为目标。教师要基于产出导向法的相关理念，综合利用各种教学资源，厘清"课前—课中—课后"之间的衔接关系，细化实施手段和过程，构建基于产出导向法理念的混合式教学模式。

1. 课前

教师要提前准备好授课所需的输入材料，并借助微信群、学习通等自媒体平台推送给学生。课前学习主要包括：教师根据学生预期产出，合理确定学习目标，合理安排知识点与实践教学活动；教师提前推送有关教学资料，让学生尽可能多地去了解背景知识；教师可将教学和学习任务拟分配，让学生提前准备。

2. 课中

教师要以产出为导向，利用多元教学资源、各种教学方法充分分析相关学习内容，帮助学生内化并巩固知识点，发挥混合式课堂教学线上和线下的优势，促进学习成效。

3. 课后

教师要依据课程目标，向学生推送单元练习任务，帮助学生巩固知识获得，通过发布测试、答辩、调查报告、讨论、延伸阅读等方式完成对理论教学与实践教学的评价。"课前—课中—课后"混合式教学模式可以扩展课堂知识，弥补大学英语学时不足而又要兼顾应用能力锻炼的问题，极大地调动学生的参与热情。同时，教师以任务驱动设计课堂教学活动，可以使学生更加专注，能有效提高学生的自学意识，调动学生学习的主体性，突出培养学生语言能力和人文素质的目标。

（二）开展多元主体评价，实现"以评价促学习"

师生合作评价是实施产出导向法理念的重要环节。教师要将教师评价与学生自我评价、学生相互评价相结合。互评可以满足学生评价和学习他人成就、学习他人优秀经验的愿望。另外，教师要利用多媒体网络平台进行监测统计，采用多种评价方法评价学生的学习行为、态度和投入等，包括过程性评价和终结性评价。过程性评价、终结性评价、学习前诊断评价的结果将成为教师进行教学计划调整和教学内容补充的重要参考依据。

另外，2020年10月发布的《深化新时代教育评价改革总体方案》提出了"探索增值评价"。多元评价主体应该包括教师、学生以及实习实践单位，以综合考量学生在各个时期的表现。评价内容与本课程的核心素养目标密切相关，不仅关注职业英语技能，而且还将沟通能力、思维能力、价值观、自主学习能力等作为评价维度，从而检验该课程核心素养培养的达成度。教师要对整个学习过程进行监控和全面的信息反馈，这有利于师生及时调整教学策略和学习策略。此外，教师要根据学生的具体情况对学习任务做出相应调整，帮助学生提高学习的获得感，从而提高学生学习的积极性。

(三) 强化教学思辨性，落实"全人教育"理念

英语课程总目标为"贯彻党的教育方针，落实立德树人的根本任务，培养学生学习英语和应用英语的能力，为学生未来继续学习和终身发展奠定良好的英语基础"。2018年全国教育大会提出，"育人之本，在于立德铸魂"。产出导向法提倡"全人教育"，英语课程应以提高学生的批判性思维能力和综合文化素养为目标，而且高校学生核心素养的培养要体现回归教育"育人"的思想。

英语核心素养培养的总目标是通过英语课程的学习与实践让学生形成正确的世界观和关键能力，主要表现在"语言思维提升""职场涉外沟通"等方面。在教学中，教师要结合课程内容和主题将育人目标融入教学，有目的、有计划地组织学生就话题展开讨论或以正能量题材案例展开辩论，将思辨探究融入口语表达锻炼实践中。思辨探究式学习对学生能起到很好的启发作用，有助于学生高阶思维能力的培养。学生不仅锻炼了语言表达能力、逻辑思维能力和口语表达实践能力，而且还培养了理性思维能力、全局思维能力和专业素质，同时由此而形成的可迁移的、通用的综合素养会使学生终身受益。

第四节 传统文化融入课堂教学

一、大学英语课堂教学传统文化缺失现状

（一）学生欠缺传统文化表达能力

高校是培育高素质技能型人才的摇篮。调查发现，高校学生在使用英语表达中国传统文化的能力上比较欠缺。很多大学生对传统节日的内涵缺乏深入探究，仅能够掌握和使用传统节日的英语表达方法，而利用英语详细介绍传统节日背后的文化内涵的能力却比较欠缺。其次，很多学生对中国传统节日和习俗知之甚少，如不能表达清楚压岁钱、猜灯谜等习俗的由来。最后，成语的运用是中国传统优秀文化的一种独特形式，但大部分高校学生不能正确用英语表达成语的内涵。这些问题都阻碍了中国传统优秀文化在英语教学中的融入和传承。与此同时，教材中也并没有出现关于中国优秀传统文化的内容，导致学生缺乏活学活用的能力。

(二) 学生缺乏传统文化融入意识

调查发现，大部分学生对大学英语教学中引入传统文化的态度不够积极。首先，大部分高校大学生认为学习英语是为了与其他国家的人沟通交流，在学习中常重点记忆句式和语法，却缺乏灵活运用的思维能力。其次，部分高校学生并不反对将中国传统文化融入英语教学体系，但在实际学习中并没有融入传统文化相关的知识。英语教学内容单一显然不利于将中国传统优秀文化融入大学英语教学体系。最后，部分学生受应试教育思想的影响，以英语学习成绩为主要目标，忽视了中国传统文化的表达与传承。总之，大部分高校学生对中国传统文化的融入态度不积极，且缺乏语言实际运用能力。

(三) 教学缺乏传统文化融入细节

在大学英语教学中，虽然很多高校已经意识到传承优秀传统文化的重要意义，但在实施细节中却存在诸多问题。首先，中国优秀传统文化在大学英语教学内容中占比较少。学校缺乏优秀传统文化的传承环境，导致学生所学到的传统文化相关英语知识较为笼统。其次，高校学生的学习背景有一定差异，大部分学生并没有接触过关于中国传统文化的相关英语知识，更不能灵活运用与表达。若直接进行传统文化融入，则易导致大部分学生跟不上教学节奏，挫伤他们学习英语的信心。可见，大学英语教学中传统文化的融入缺乏细化，不能遵循学生的个体需求进行融入。

(四) 教师对传统文化知识的认知不足

教师是培育人才的先行者和领导者，将中华传统文化渗透到大学英语教学中，要求教师具备充分掌握扎实的文化知识的基本功。中华民族传统文化具有深厚的文化底蕴，具有几千年历史，是民族精神的生命源泉。纵览当前的英语课堂，英语教育者对传统文化知识的掌握情况不容乐观，部分英语教师对民族文化知道得不全面、理解得不透彻，不足以引导学生更好地学习。由于英语教育者对我国民族文化知识的认知能力不足，导致渗透效果不佳。

二、大学英语课堂教学中传统文化的融合意义

（一）带动优秀传统文化的传承

我国在长期的历史发展中形成了具有鲜明特色的、独一无二的中华文化，理应闪耀于世界舞台。而当前经济全球化发展趋势愈加明显，英语突破了语言交际的使用限制，兼具文化传播、跨文化交际的多重功能，以语言为载体进行文化的交流是大趋势。在高校英语教学中引入传统文化，可丰富英语教学内容，使学生在学习语言的同时可以广泛阅读，积极思考，进行文化沉淀，带动优秀传统文化的传承与传播，而语言学习同时系统学习中华文化，将有利于增强学生的文化素养和文化涵养。

（二）提升学生跨文化交流能力

英语教学更强调学生交流能力的培养，跨文化交流表达是培养的重点。在英语教学中引入优秀的中华传统文化，弱化英语教学的应试色彩，加强人文关怀，也将带动学生跨文化交流表达能力的培养，改变传统单一化语言训练的窘境，更加侧重跨文化视角下学生语言综合性的训练。教师可鼓励学生涉猎、了解外国文化知识，同时关注本土文化资源，在了解中华文化并建立文化自信心的基础上主动利用英语诠释传统的民俗文化，了解语言表达特色，了解更多的文化知识。这样，学生可以实现在不同语境下语言表达的灵活切换，适应不同的语言应用情境和场景，避免在交流表达中出现片面化、随意化。

（三）减少学生英语学习抵触感

以往的大学英语教学多局限于词汇、语法、句型等固化知识的讲解，学生语言学习思维限制较大，缺乏广阔的文化视野。在较小占比的文化知识讲解中，教师更强调对外国历史及文化知识的讲述，学生对传统文化知识了解较少，不能清楚地发现英语与汉语的用语差异、文化差异等。脱离了文化根基的语言学习导致学生理解吃力，难以实现在不同语境下思维的灵活转化，出现在英语表达中夹杂着汉语表达，在英语交际时又缺乏汉语文化知识积累的现象，无论是语言的输入还是输出都不够理想。学生语言学习难度较大、积极性不高，甚至不愿意进行交流表达，无法做到将知识活学活用。而在英语教学中引入中华传统文化，不仅丰

富了教学内容，而且还可以吸引学生探讨英语、汉语文化的差异，了解不同文化各自的特色，从而指导语言学习。

（四）发扬中华民族的传统美德

在大学英语教学中融入传统优秀文化，是传承民族优秀文化精髓的有效途径。中国优秀传统文化是几千年流传下来的宝贵道德文化遗产，包含了优秀的民族品质、优良的民族精神、高尚的民族情感、良好的民族礼仪和崇高的民族气节。这些文化素养是素质教育背景下需要深入落实到教育体系中的重要元素。

只有在大学英语教学中有效融入传统文化，才能够引导学生树立正确的人生观、价值观和世界观。通过在英语教学中融入传统文化，可以引导学生将中国传统文化与外国文化进行对比，从而取其精华、去其糟粕。可见，传统文化的融入有利于中华传统美德的发扬。

（五）增强大学生学习英语的兴趣

部分教师在英语教学时比较重视讲解外国的文化知识，导致学生和我国的优秀文化产生距离。在学习方式上，学生依旧墨守成规，靠死记硬背记单词和背文章，这样的学习方式难以提高学生的英语应用能力和文化交流能力。在大学英语课堂中渗透中国优秀传统文化，能够让学生在学习英语时体会到中国魅力和中国文化的博大精深，从而乐于学习英语知识，并对其产生浓厚的兴趣，进而优化课堂效果和课堂氛围。

（六）符合经济全球化信息语言交流的需要

随着经济全球化的深入发展和我国综合国力的提升，我国与其他国家的交流日益增多。作为一个历史悠久的文化大国，我国传承几千年的文化有着独特的魅力，其研究价值也受到了世界各国的广泛关注。

英语作为全球范围的通用语言之一，在如今的社会背景下，是高校学生必备的语言技能。在英语教学过程中，加强传统文化的渗透，可以使学生充分继承和发扬我国的传统文化。学生只有深刻掌握我国传统文化的精髓，理解其深刻的内涵，才能够在以后与外国友人交流的过程中，将我国的传统文化推广至其他国家，才能有效实现我国传统文化的传播和继承，对宣扬我国的国家实力、树立良好的国家形象有着积极意义。

三、传统文化在英语课堂教学中的应用策略

(一) 主动转变教学理念

对于教育工作来说,最根本的任务就是要实现立德树人,引导大学生树立正确的三观。英语教学的最终目标就是培养多领域的文化交流人才,在大学英语教学工作中,教师要主动引导学生正确认识中外文化差异。这在一定程度上要求英语教学工作目标进行转换,从单纯使用英语交流沟通到使用英语完整讲述中国传统文化。所以,在大学英语教学工作中,教师要主动转变教学工作理念,提升传统文化核心素养,争当传统文化的时代传播者,努力带领学生主动探索中国传统文化的具体内涵,引导学生从内心喜欢与欣赏中国传统文化,鼓励学生使用英语讲述中国传统文化。

此外,英语教师也要具有一定的文化自觉性,通过多样化课堂教学工作不断加强学生对中国传统文化的认同与归属感。特别是在涉及外国文化教学的时候,英语教师要从中外文化对比开展讲解工作,比如在课堂教学涉及文化习惯内容时,英语教师可以引导学生主动搜集中外不同的文化习惯,组织学生在课堂开展讨论与交流。比如在讲到节日的时候,要注重将中国传统节日与外国节日进行横向比较,从节日的起源与习俗等维度进行详细描述,引导学生加强对中外不同风俗的认识与理解。

(二) 改革英语课堂教材

教材是课程的核心内容,拥有一本好的英语课程教材可以帮助英语教师不断培养学生的英语核心素养,注重结合我国的发展国情与社会现状突出传统文化这一理念,引导学生在学习英语中不断深入了解中国传统文化,并学会使用英语开展文化传播工作。

所以,高校开展英语课程教材改革是重点工作,在英语课程教材中融入中国传统文化,比如我国的四大发明、园林艺术与传统节日等,可以全面激发大学生学习英语的热情。除此以外,大学英语教材中也要加强对中外文化的差异性对比,不断提升学生的文化自信。

(三) 强化学生的文化意识

我国有几千年的悠久历史,在时代的长河中留存下了浩瀚的中华文明。在如

今经济全球化背景下，我国的历史文明与世界文化发生了碰撞，学生在日常接受教育的同时，还通过便捷的互联网接收到了更多新奇的外界事物。但在良莠不齐的文化中，大量的网络舆情信息容易使学生迷失学习的方向。

因此，在这一时期，教师在教学中要加强传统文化在学科中的渗透。只有让学生深刻了解到我国几千年留存下来的浩瀚财富，才能从根本上提升学生的民族自豪感和自信心，使学生能够以更加自信的心态投入英语的学习中。在大学英语教学的过程中，教师要有意识地去引导学生加强对我国传统文化的重视，并流利地用英语去宣扬我国的优秀文化。

（四）转变传统的教学方式

在开展大学英语教学工作的过程中，教师要注重转变传统的教学方式。在实际课堂教学工作中，英语教师要认识到弘扬与继承传统文化的重要性，引导学生掌握扎实的英语基础，与此同时还要主动向外国人传递传统文化的重要价值与理念，有效促进文化的交流与传播。在转变传统教学工作模式的同时，英语教师也要主动融入传统文化，突出我国地方特色，充分认识到语言学习的本质在于实现文化交流。所以，大学英语教师要注重将传统的思想、风俗纳入英语教学工作中去，实现中外文化的有效对比，促进学生体会到中外文化的差异性，让学生在语言表达中感受到文化的魅力。

（五）营造良好的文化氛围

英语教学与传统文化的融合也可营造学习优秀传统文化的良好氛围。英语教师可有意识地保持对流行文化的敏感性，让传统文化的教育与流行文化、流行趋势结合起来，激发学生对优秀传统文化的关注热情。除了在课堂教学中融入优秀传统文化，也可通过组织丰富多彩的英语教学活动来增强学生对优秀传统文化的认同感，让英语教学与传统文化的融合更加到位。教师要充分利用第二课堂、网络阵地开展文化实践活动，用丰富的内容、多样的形式让学生产生学习优秀传统文化的自觉性，并自觉地将英语交际训练与传统文化学习相结合，做到中外文化学习与语言训练并重，在有条件的情况下加强学生与外国留学生的交流对话。借助文化话题探讨、演讲比赛、诗歌朗诵、话剧演艺等教学实践活动，将优秀的传统文化融入英语教学，可以增强学生对本国文化的理解，使他们更好地交流表达，理解他国文化习俗，减少交流中的尴尬；也可以让学生欣赏英文电影、英文歌曲等，在艺术欣赏中了解中外文化的差异，在理解差异的基础上提升语言驾驭能力。

当前新媒体教学技术成果不断涌现，新媒体技术增加了学生英语学习的便利性，也为学生获取传统文化资源，进行跨文化交际表达提供支持。学生可以利用网络阵地，涉猎更多与英语学习相关的传统文化知识，在趣味的英语学习 App 平台和其他网络学习平台中检索自己感兴趣的文化素材，通过观看视频、模拟练习等感悟传统文化的魅力，并强化语感训练。学生也可以借助社交平台，积极和国际友人、英语学习爱好者、英语教师等交流对话，进行交际表达训练，认真地讲好中国故事，不仅增强了自身对英语文化的理解，而且还可就一些习俗上的差异、理解中产生的误区与同学进行沟通，以交际为载体、文化为支持强化语言的学习。在日常的锻炼中积累词汇，了解语言背后的文化，学会在不同场景下进行灵活表达，使学生的英语学习真正实现从静态到动态的转变，做到了活学活用，避免文化失语的尴尬。

对于大学英语教学来说，优秀传统文化的融入具有必要性、可行性、紧迫性。当前英语教学中对英语文化关注较多，对传统文化关注较少，这也一度成为大学英语教学改革的探讨热点。教师应将传统文化融入英语课堂，提升学生传统文化英语学习的实践占比，进一步提升学生的文化自信心，增强学生的民族文化自豪感，更好地处理知识学习与文化学习、英语文化与汉语文化的关系，在二者的融合中树立英语学习的文化整体观。而传统文化的英语课堂融入也需要英语教师努力提升自身的知识素养，具备良好的语言功底且具有传统文化教学的自觉性，积极尝试多元化的教学方法，引导学生关注传统文化，使学生真正成长为具有国际文化视野和强烈民族文化自信心的优秀的文化交流使者。

（六）培养高素质的英语教师队伍

英语教师自身缺乏传统文化传承意识，在英语教学过程中不能强化传统文化的融入。这显然不利于学生形成积极的人文素养。如何成功地将传统文化融入大学英语教学，这对教师自身的教学能力有较高要求。所以，培养高素质的英语教师队伍势在必行。首先，可加强对英语教师的培训，使其充分认识优秀传统文化融入大学英语教学的重要性。其次，加强英语教师之间的交流，通过学习交流，总结中国传统文化如何更好地融入大学英语教学中。同时，教师应转变思想观念，突出学生的主体地位，鼓励学生大胆表达和互动。如针对中国传统文化与外国文化之间的差异,围绕中外节日文化、中外饮食文化、中外服饰文化等,组织学生进行讨论交流,强化学生英语应用能力和口头表达能力。最后,教师还可以向学生推荐一些课外读物,帮助学生提升传统文化学习兴趣。总之,只有培养高素质的大学英语教师队伍,才能够为大学英语改革发展提供保障,从而为传统文化的有效传承奠定基础。

(七)积极开展多样化社会实践活动

在大学英语课堂教学中,除了要注重融入传统文化,还要通过开展社会实践活动鼓励学生主动融入学习,促进中外文化的有效衔接。比如,高校可以通过开展舞会与音乐会等特色形式,不断拓展学生的视野,引导学生加强对中外文化的认识,不断加强对传统文化的认识与理解。

此外,高校还可以组织学生体验烹饪文化,感受中外饮食文化的差异。通过该种方式可以让大学生感受到中外文化的差异性,感受到传统文化的魅力。高校还可以组织开展中外文化碰撞辩论赛,引导学生主动参与研讨与交流,提供更多的实践机会,不断提升学生的英语素养,不断弘扬与继承传统文化。

(八)在英语课堂教学中重视传统文化的学习

我国高校对大学生进行英语教育的目的在于提高学生的英语应用能力和综合文化水平。大学英语属于学生的必修课程,也是文化交流和传播的重要载体,因此,教师要自觉承担英语在宣传文化方面的职责,不仅要让学生了解外国文化,而且还需要对比我国传统文化,让学生加强对两者相似点和不同点的深入分析,以此提高对我国文化的认同感。教师要根据教学大纲的要求,进一步细化课堂教学环节,清楚地理顺中国优秀传统文化的知识结构和课本之间的关系,优化当前的教育方式,将人文思想和风俗习惯融入英语教学环境,增设有关传统文化的教学模块,进一步推动传统文化的良好传承,以此有效提高课堂教学的效果。

参 考 文 献

[1] 张艺宁. 大学英语课堂教学理论与个案研究 [M]. 北京：国防工业出版社，2010.

[2] 李焱. 大学英语课堂教学的理论与实践探索 [M]. 北京：光明日报出版社，2010.

[3] 杜璇. 文学素养与大学英语教学 [M]. 长春：吉林美术出版社，2010.

[4] 李国金. 大学英语教学基础理论及改革探索 [M]. 北京：北京理工大学出版社，2010.

[5] 刘蕊. 大学英语教学的发展：思考与创新 [M]. 北京：九州出版社，2019.

[6] 余玲. 文学翻译与大学英语教学 [M]. 北京：中国原子能出版社，2019.

[7] 何冰，陈雪莲，王慧娟. 语言学应用与英语课堂教学研究 [M]. 郑州：黄河水利出版社，2020.

[8] 朱飞. 大学英语教学中的翻转课堂 [M]. 长春：吉林大学出版社，2010.

[9] 贾慧慧. 英语课堂教学话语分析研究 [M]. 西安：西北工业大学出版社，2020.

[10] 杨海娟. 高校英语课堂教学改革与大学生交际能力培养 [M]. 长春：吉林出版集团股份有限公司，2010.

[11] 郭思含. 大学英语教学中的教师自我表露研究 [M]. 北京：中国商务出版社，2020.

[12] 韩楠. 大学英语教学体系构建与创新性研究 [M]. 长春：吉林大学出版社，2010.

[13] 曹海霞. 互联网教育背景下大学英语教学体系的反思与重建 [M]. 长春：吉林大学出版社，2021.

[14] 孙博. "互联网＋教育"视阈下大学英语教学的路径选择与构建 [M]. 长春：吉林科学技术出版社，2021.

［15］陈细竹，苏远芸. 大学英语教学模式的革新与发展研究 [M]. 长春：吉林人民出版社，2021.

［16］卢晓爽. "产出导向法"在大学英语课堂教学的实践研究 [J]. 海外英语，2020（13）：111-113.

［17］周聪慧. 大学英语课堂教学中的小组合作学习初探 [J]. 佳木斯大学社会科学学报，2020，38（3）：192-194.

［18］江婷婷，张磊. 现代信息技术生态环境下大学英语课堂教学优化研究 [J]. 山东农业工程学院学报，2020，37（4）：167-168.

［19］郭敏敏. 大学英语课堂教学中思辨能力的培养策略 [J]. 公关世界，2020（4）：111-112.

［20］张巍，胡燕. 应用型高校大学英语课堂教学中学生主体地位的体现策略 [J]. 产业与科技论坛，2020，19（6）：193-194.

［21］薛美薇. 教育信息化时代大学英语课堂教学优化研究 [J]. 英语广场，2020（5）：83-84.

［22］邓永平. 大学英语课堂教学中跨文化教学理念融入初探 [J]. 戏剧之家，2020（3）：143-144.

［23］张金玉. 基于微课的"翻转课堂"模式在大学英语课堂教学中的应用 [J]. 福建茶叶，2020，42（2）：228.

［24］万丽. 慕课教育背景下大学英语课堂教学改进措施 [J]. 山东农业工程学院学报，2020，37（2）：158-160.